荀子要義

周紹賢 著

臺灣中華書局印行

荀子要義

海陽 周紹賢著

目錄

自序

戰國之世，道術分裂，諸子爭鳴，互相攻難，韓非子顯學篇謂「自孔子之死也，有子張之儒，有子思之儒，有顏氏之儒，有孟氏之儒，有漆雕氏之儒，有仲良氏之儒，有孫氏之儒，有樂正氏之儒」。孟氏即孟軻，孫氏即孫卿。百家之學，各立門戶，各是其是，即儒門之中亦分派系，或「術謬學雜」而言論失眞，或「呼先王以欺愚者而求衣食」，是故荀子在當時指出有「賤儒」、「俗儒」一般敗類（見非十二子儒效篇）。儒家之風已陵遲衰落，是以引起楊墨之攻擊；而在當時能特然挺起，以名世博學之才，繼孔子之學，宏仁義之道，闢邪說以正人心，使百家相形失色，而丕振儒術以傳於世者，孟子而後，厥爲荀子，故太史公以孟荀並列，爲之作傳，著於史記。

法家攻擊儒墨與道家（韓非子顯學篇忠孝篇），儒墨之相攻尤厲。古書記述簡略，孟子斥楊墨，謂其無父無君，後世或以爲此言過甚；其實後世未見當時楊墨末學之流弊，便不知孟子之言有所據，試看荀子所刺之「賤儒」，「無廉恥而嗜飲食」，儒家本身不隱諱其同界中之劣跡，然則楊墨末學之劣跡，孟子豈能爲之隱諱？孔墨已歿，後學互相誹毀，初則針對當前人物之劣點而下攻擊，繼之以爲併其祖師亦攻擊之，免得其徒屬恃爲護符；孔墨遂間接受到輕蔑。各家之間，壁壘之所以形成，大抵如是。

荀子天論及解蔽篇，謂：老、莊、愼到、宋鈃、申不害、各家之說，皆有所偏，而歸本以「王道」、孔子爲正宗，此皆當時對各家之辯難而發。墨家反對儒家最甚，荀子指責墨家亦最甚，儒效、王霸、天論、禮論、樂論、解蔽各篇，皆屢屢駁正墨子。非十二子、不苟、儒效、解蔽各篇，對惠施鄧析之詭辯，修身篇對「堅白」「同異」之怪說，皆作嚴正之抨議，謂「凡言不合先王，不順禮義，謂之姦言；雖辯、君子不聽。法先王，順禮義，黨（親比也）學者，然而不好言，不樂言，則必非誠士也」（非相篇）。荀子在當時，隆禮義，崇師法，主張「上則法舜禹之制，下則法仲尼子弓之義」（非十二子），在百家喧囂之中，「貴公正，而賤鄙爭」，「以仁心說，以公心辨」（正名篇），對於「欺惑愚衆」之說，直斥其不知是非，「辯而無用」，足以「梟亂天下」（非十二子），荀子眞儒家之「誠士」，孔門之龍象也。

後世以荀子非十二子篇謂子思唱五行之說，孟軻和之，將子思孟子列於惠施等怪說之流，又以性善性惡兩說不同，又以孟子講遵先王之道，而荀子主張法後王；遂謂荀孟相反，故非十二子貶斥孟子。夫子思孟子書中並無五行之說，而五行之說亦非子思所造，因此、楊注謂「五行、五常仁義禮智信是也」；以五常爲仁義禮智信，見於論衡問孔篇，不見於子思孟子之書，若五行果爲五常，則仁義禮智信、荀子豈能非之？按荀子之書、在唐以前已編簡爛脫，傳寫舛誤之處甚多（楊倞荀子序）。例如君子篇、內容與篇名全不相關，楊注謂此篇皆論人君之事，「君子」當爲「天子」之誤；又有人謂此篇乃君道篇之脫簡。又如非相篇之後兩章，與非相無關；天論篇之末段，與天論無關；正名篇之後半篇，自「凡語治而待去欲者」以下，爲欲望論。章幅如此錯亂，字句謬誤尤多，故非十二子誣子思孟子之語，實大有疑問，是以困學記聞十云「荀卿非十二子、韓詩外傳四引之，止云十子，而無子思孟子。愚謂荀卿非子思孟子，蓋其門人如韓非李斯之流，託其師說，以毀聖賢，當以韓詩爲正」。楊注云「大略篇、爲弟子雜錄荀卿之語」。堯問篇謂荀子之善行，「孔子弗過」，亦顯然爲弟子所作。非十二子誣及子思孟子，若非李斯之流所增入，定亦字句有錯亂，例如非十二子篇末、有所謂「子張氏之賤儒，子夏氏之賤儒，子游氏之賤儒」，係指戰國末世自命爲學本三子者而言，非直斥子張子夏子游也。而總之貶子思孟子於姦言怪說之列，無的放矢，必非荀子之言也。

至於性善性惡之說，亦不至兩相水火，孟子謂「人之所以異於禽獸者幾希」（離婁篇），並不否認人有惡性；荀子謂「塗之人可以爲禹」（性惡篇），並未否認人有善性；孟子謂「人之有道也，飽食煖衣，逸居而無教，則近於禽獸」（滕文公篇）；荀子謂人「必將待師法然後正，得禮義然後治」（性惡篇）；總之皆注重禮義教化，兩家之說，殊途同歸。荀子雖言性惡，而對「孟子曰人之性善」，僅曰「是不然」，語意平和，與非十二子中之語氣不同；猶之孟子弟子公都子以「性可以爲善，可以爲不善」等說，質詢孟子性善之說（告子篇），只是討論問題，並非惡意反駁，且大略篇內尚有荀子稱道孟子之語。

至於法後王之說亦與孟子不相悖，荀子因當時之俗儒「呼先王以欺愚者」，賤儒則矯飾姿態「禹行而舜趨，似乎先王之道只在禹舜以前，商周則等而下之，故荀子提出法後王之說。孟子所稱之先王、總括文王武王以上之聖君，未作先後之分，謂「先聖後聖，其揆一也」（離婁篇）；荀子所說之後王、指文武而言，然荀子之尊崇先王與孟子同，儒效篇謂「儒者法先王，隆禮義」，其稱頌先王、見於各篇不下三十餘次。謂「百王之道一是矣」（儒效篇），謂：聖王之法「萬世不能易也」（正論篇），此與孟子有何異哉？

因韓非李斯曾從學於荀子，法家之嚴刑重罰，以人之性惡爲根據，遂有人將荀子之學與法家相牽合甚至如蘇軾之荀卿論謂荀子之言「爲小人所喜」，謂李斯相秦所施之術，皆出自荀卿，以「其父殺人，其子行刦」，以比其師徒；蘇氏論管蔡、則謂「武王非聖人也」；論范蠡、則謂蠡爲「貪貨之賤士」，如此妄議古人，其言固無足取。事實證明，荀子尊崇孔子，書中之言，全爲儒家護法；秦昭王與范睢正在得意法治之時，荀子當面說之以仁義，而指其所短；又斥李斯蔑視仁義之言，謂其必亂天下。荀子反對法家，本書於第十二章內詳述之。

荀子繼孟子之後，爲儒學大師，爲儒家之正統，故其弟子以荀子與孔子並論。荀子非相、非十二子、儒效等篇每以孔子與子弓並稱，據晚近考證，子弓即仲弓，仲弓之學在孔門與顏淵同以德行稱名，或者荀子之學係仲弓一支所傳乎？鄭康成六藝論謂論語爲仲弓與子夏合編，論語篇次以學而始，以堯曰終，荀子之書、則以勸學始，以堯問終，其篇次蓋仿自論語。總之荀子之學爲儒家之正統。

孔子修六經，荀子教學者誦經，受其業者，歷秦世之亂而傳之漢儒。陸德明經典釋文叙錄謂：毛詩由子夏四傳至根牟子，根牟子傳孫卿，孫卿傳於魯國毛亨。漢書楚元王交傳：「少時嘗與魯穆生、白生、申公同受詩於浮丘伯，伯者、孫卿門人也」。經典叙錄云：左丘明作傳，以授曾申，曾申四傳至虞卿，虞卿傳荀卿，荀卿傳張蒼。漢書儒林傳云：瑕丘江公受穀梁春秋及詩于魯申公。申公爲浮丘伯弟子，浮丘爲荀子弟子；故顏師古云「穀梁受經於子夏，傳荀卿」。劉向云「荀卿善爲易」。荀子尤善於禮，細考儒林傳所叙，儀禮之傳受，亦與荀子有關。禮記樂記篇與荀子樂論之語多相通。——總上所述，荀子傳經之功，亦甚巨也。

韓愈謂：孟子得孔門之眞傳。孟子稱孔子集前聖之大成，謂「自生民以來，未有盛於孔子也」（公孫丑篇），孟子之尊孔可謂至矣，故其研究孔學亦最眞。當其時，「楊朱墨翟之言盈天下」，孟子纘孔子之緒，弘揚王道，「息邪說，拒詖行」（滕文公篇），至今讀其書，浩氣蓬勃，感人肺腑。荀子晚於孟子，其地位本在孟子下；漢世之經學，多溯源於荀子，大儒董仲舒、劉向皆頌美荀子，劉向序錄謂「人君能用孫卿，庶幾於王」，然在學者信仰中，荀子之地位終不能與孟子相埒，故孟子之書與論語、在漢文帝時皆置博士，傳習不絕，至東漢已有趙岐孟子注；荀子之書，至唐時始有楊倞爲之注，自此注意荀子者始漸多。

學者對孟荀差異之看法，主要者爲性善性惡二說之不同，其次則雖未必如蘇軾所云：李斯相秦之術，受自荀卿；然韓非謂人之性惡，非以嚴法治之不可；總有人以爲係受荀子之啓示，韓愈謂荀子大醇小疵，蓋亦因此。然荀子終身爲儒門之健將，而韓非毀儒，李斯坑儒，皆爲荀子之叛徒，雖然荀子反對法家、亦有言論爲證，然韓李畢竟於荀子有影響；昔「逢蒙學射於羿，盡羿之道，思天下惟羿爲愈己，於是殺羿。孟子曰是羿亦有罪焉」（離婁篇）。羿被弟子所殺，孟子謂羿授道於惡人，自己亦當負責。故韓李之叛道，實有玷於荀子。

性善性惡兩說雖各有依據，各有立言之旨，然孟子謂善性爲天賦所固有，不假外求，只要存其良心，率其本性，則皆可進入善境。荀子則謂人性本惡，必須「化性起僞」，強加矯飾，始能歸於禮義。人能爲善，故社會治；人若爲惡，則社會亂；故好善惡惡爲人之常性。性善論、謂人當修養善性，發揚善行，是順乎天性者也；性惡論、謂人當屈服惡性，制止惡行，是違乎天性者也；何也？既言天性爲惡，而又禁止爲惡，豈非違乎天性哉？一則順乎自然，自動向善，善無止境；一則迫不得已，不敢作惡，免罪而已。性善性惡各有理由，而在直覺作用之感觸中，則性惡之說不如性善之說令人感到興奮適意，而況以禮義制止惡行乃善性所主使，荀子謂「禮義者、聖人之所生也」（性惡篇），聖人亦人類耳，豈惟聖人有此善性？孟子予人以鼓勵，謂人人皆有此善性，「堯舜與人同耳」（離婁篇），如此、不愈於使人以爲人性本惡，甘於自卑哉？

宋明理學家，程、朱、陸、王，皆擁護性善之說，以孟子爲孔學之眞傳，程伊川責荀子性惡之說謂「其學極偏駁，只一句性惡，大本已失」，因性惡之說，遂置荀子於雜學之列。至清時，荀學始漸抬頭，戴東原講心知，凌廷堪講禮，其意多類荀子，然未嘗明宗荀子。姚鼐作李斯論、駁蘇軾將李斯之罪歸於荀子，方苞作蘇文評語，亦謂蘇氏之論失當，「荀氏之學以法先王守禮度爲宗」。四庫全書簡明目錄，儒家類謂荀子「宗法聖人，誦說王道」。錢大昕荀子跋謂荀子「吐辭爲經，優入聖域」。郝懿行作荀子補注、與王引之論孫卿書、謂性惡之說、自有其義理，並無不當。此後王先謙作荀子集解，劉師培作荀子補釋；研究荀子、發表論述者漸多，於是荀學乃興。晚近學者以荀子正名之論，養心之說，及天論制天、用天之義，以與西方之哲學思想相比，於是荀子又被另一眼光所重視，地位亦高升，與孔孟並稱爲儒家之三大師。

荀子書、自昔傳誦者較少，因而歷代抄寫錯誤，亦乏人追究，在唐朝楊倞作注時，已感舛誤甚多，文義難通，雖經楊氏苦心校勘，及清朝學者多人增補注釋，其中仍多難解之處。玆因於哲學系講授此書，乃綜合各篇，撮其要旨，集其言論，作全部有系統之講述，筆之於書，名曰荀子要義，使學子了解荀學之實況。至於掘發奧義，闡揚新說，則非余之譾陋所能爲也。

中華民國六十六年二月

海陽周紹賢序於國立政治大學

荀子略傳

史記孟荀列傳、及劉向孫卿新書序錄、皆敘荀子事蹟，而記載簡略，且多疑問，雖經後學各家之考證，而荀子往來齊楚在何年齡？史記謂荀子由齊入楚為蘭陵令，後卒於蘭陵。劉向序錄謂：孫卿由齊適楚，繼又由楚適趙，又由趙返楚，前後兩度至楚為蘭陵令，以及荀子生卒之年，皆不能作確切之斷定。太史公猶未能言其詳，後學何以明其實哉？茲就各家所言，略敘如左：

荀子姓荀、名況、字卿，趙人，周郇伯之苗裔也（郇伯、文王子，封於郇，詩曹風「郇伯勞之」，卽此人。荀亦作孫，荀子堯問、韓非子難三、戰國策楚策、劉向序錄及漢志、皆作孫卿，荀孫乃一音之轉也）。「方齊宣王威王之時，聚天下賢士於稷下，尊寵之，若鄒衍田駢淳于髡之屬甚衆，號曰列大夫（不從事政治而議論國事，名曰列大夫）。是時孫卿有秀才，年五十（當作十五）始來游學」（劉向序）。齊湣王南舉楚淮，北幷巨宋，西摧三晉，卻強秦，晚年矜功不休，百姓不堪，諸儒皆諫，湣王不聽，各分散，時荀子在齊，有說齊相書，教以用賢修政之道（荀子彊國篇），齊相不能用其言，荀子乃適楚，此時荀子年約五十左右。

周赧王三十一年，（齊湣王三十年），燕樂毅連秦魏韓趙、率五國之師伐齊，湣王敗走，死於莒，其子襄王立，反攻復國，重修列大夫之缺，諸儒返稷下，荀子亦復至齊，時田駢之屬已死，荀子最爲老師，史記所謂「荀卿三爲祭酒」，卽此時也。後齊人或讒荀子，荀子乃復適楚。楚考烈王八年（周赧王歿後之次年），楚相春申君以荀子爲蘭陵令，旋因讒而去楚歸趙，趙王以爲上客，荀子議兵篇所述：與臨武君議兵於趙孝成王前，卽此時也。按戰國策楚策：趙使魏加見楚春申君曰「君有將乎」？曰「有矣！僕欲將臨武君」！故楊注云「臨武君蓋楚將，未知姓名」，劉向序謂「荀子與孫臏議兵趙孝成王前」，然則臨武君卽孫臏乎？抑孫臏與荀子議兵另爲一事乎？皆不可考也。

荀子在趙之時，又應聘入秦，秦昭王問「儒無益於人之國」？荀子陳述大儒之功效，及爲人上之道，昭王雖稱善，而不能用（荀子儒效篇）。秦相應侯范睢、問荀子曰「入秦何見」？荀子贊秦之長，舉秦之短，謂：無儒者參國政，不能正是非治曲直，「憂患不可勝校也」（彊國篇）。李斯因荀子議兵以仁義爲本，乃謂荀子曰「秦兵強海內，非以仁義爲之也」！荀子斥其舍本求末，「此世之所以亂也」（議兵篇）。後李斯被秦所重用，荀子聞之「爲之不食，覩其罹不測之禍也」（鹽鐵論、毀學）。

客或謂春申君曰「伊尹去夏入殷，殷王而夏亡。今孫卿天下賢人，所去之國，其不安乎」！春申君乃使人聘孫卿，孫卿遺春申君書、刺楚國，春申君復固謝孫卿，卿乃復入楚爲蘭陵令（見風俗通義窮通篇，戰國策楚策亦如此言，文稍異）。

楚考烈王在位二十五年卒，此年考烈王后之兄李園殺春申君，荀卿廢，因家蘭陵。荀卿嫉濁世之政，亡國亂君相屬，不遂大道，而營於巫祝，信禨祥，於是推儒墨道德之行事興壞，序列著數萬言而卒，因葬蘭陵（史記）。

關於荀子生卒之年，各家考證，皆爲假設之言，難於確定，故皆有出入。梁任公假設：荀子當生於西元前三零七年，卽周赧王八年，民元前二二一八年；卒於西元前二一三年，卽秦始皇三十四年，民元前二一二四年，約九十四歲。此較爲可信。

荀子要義

一、性惡論

所謂性

荀子正名篇云「生之所以然者、謂之性；不事而自然，謂之性」；「性者天之就也」。性惡篇云「不可學，不可事，而在人者，謂之性」。此對於性所下之定義，雖不詳明，然已具概念。性爲天然所生就，故有天性之稱；人生所以必需如何如何，出乎自然而然，天然固有之一切條件，非後天所學而得，非後天所能造成。目欲美色，耳欲妙聲，口欲肥甘，體欲輕煖，此乃天然之性，與生俱來者也；此卽禮運所謂「飮食男女，人之大欲」，亦卽告子所謂「食色」之性，此可稱之曰「欲性」，此乃一般動物所共有之性。然而人與其他動物不同，尙有其天然之特性，父慈子孝、兄友弟恭，見人之疾苦而生惻隱，思己之過失而感愧悔，事所當爲勞而不怨，激於義憤死且不懼，此天然之性，與生俱來者也；此卽孟子所謂良知良能，亦卽後世所謂理性，欲性屬於生理，理性屬於心靈，二者相輔爲用，乃發揮人生全體之大用。

善惡二性

飽煖安樂爲人生之大欲，爲生活所必需，故欲性之本質、不可謂之惡。然耳目口體之官，只能從欲性而吸收其所好；口嗜美味而食之不厭，目遇美色而閱之不倦，既有象箸必求玉杯，既愛珍禽又喜異獸；是以八音繁會不足於耳，艷妾巧歌不足於情，欲壑難塡，貪得無厭，由是而巧取妄奪，惡端起矣。欲性非惡，而任其泛濫，則引起作惡之動機，縱慾荒妄，行爲暴亂，是以有人直以欲性爲惡性。人性皆欲求生，若任欲行事，惹起鬥爭，則足以傷生。人爲羣體動物，須互助互惠，始能共存共榮，因此、天賦人以理性，人生之一切，由理性作主，孟子所謂「惻隱之心人皆有之，羞惡之心人皆有之，恭敬之心人皆有之，是非之心人皆有之」（告子篇），此卽所謂仁義禮智四端之性，亦卽所謂理性。理性控制欲性，使之作適當之行爲，不至放縱無度，造成災害。理性建立社會羣體之秩序，亦卽建立個人生活之保障。進而至於熱誠濟世，捨己爲羣，好榮惡辱，聞過知恥。謙下自居，敬人卽所以敬己；是非有度，故言行不苟；豈但利害大小、得失輕重、理性爲之判斷清楚，而人生盡善盡美，超然自如之高尙境界、亦由理性所造成。理性卽善性，卽天性，所謂「仁義禮智、非由外鑠我也，我固有之也。」（告子篇）——欲性與理性乃天性之一體，而分爲善惡兩面。

性惡之說

宇宙萬物，有其事物、必有其種性，故天下無無因之果，人之作惡，因有惡性；然人亦能作善，當然亦有善性；人性本有善惡兩面，然而荀子則言性惡，否定人有善性，其言云：

「人之性惡，其善者僞也。今人之性，生而有好利焉，順是、故爭奪生而辭讓亡焉；生而有嫉惡焉，順是、故殘賊生而忠信亡焉；生而有耳目之欲、有好聲色焉，順是、故淫亂生而禮義文理亡焉。然則從人之性，順人之情，必出於爭奪，合於犯分亂理而歸於暴，故必將有師法之化，禮義之道，然後出於辭讓，合於文理，而歸於治，用此觀之，然則人之性惡明矣，其善者僞也」。（性惡篇）。

「人之情，食欲有芻豢，衣欲有文繡，行欲有輿馬，又欲夫餘財蓄積之富也；然窮年累世不知足，是人之情（性）也」。「人之生（性）固小人，無師無法，則唯利之見耳」（榮辱篇）。

「今人之性，飢而欲飽，寒而欲煖，勞而欲休，此人之情性也。今人飢，見長而不敢先食者，將有所讓也；勞而不敢求息者，將有所代也（代長者之勞）。夫子之讓乎父，弟之讓乎兄，子之代乎父，弟之代乎兄，此二行者，皆反於性而悖於情也；然而孝子之道，禮義之文理也。故順情性則不辭讓矣，辭讓則悖於情性矣。用此觀之，然則人之性惡明矣，其善者僞也。（性惡篇）。

「夫好利而欲得者，此人之情性也」。「凡人之欲爲善者，爲性惡也。夫薄願厚，惡願美，狹願廣，貧願富，賤願貴，苟無之中者，必求於外。用此觀之，人之欲為善者，為性惡也」（性惡篇）。

以上所謂：好利、耳目之欲、芻豢、文繡等等，皆為欲性所需之事，欲性為生理之性，其本質無所謂惡，然任性行事，則流而為惡，故荀子云「順是故淫亂生」，然則荀子之所謂「人性」乃僅指欲性而言也。

以禮義制止惡性，禮義由何而來？

人若只有惡性而無善性，則與猩猩無異，決不能形成人類之文化。荀子謂人性惡「順人之性，必出於爭奪，合於犯分亂理而歸於暴，故必將有師法之化、禮義之道，然後出於辭讓，合於文理而歸於治」。人之性惡，然則師法禮義由何而來？荀子謂：

「古者聖王以人之性惡，以為偏險而不正，悖亂而不治；是以為之起禮義、制法度，以矯飾人之情性而正之，以擾化人之情性而導之也，使皆出治，合於道者也」。「禮義者、聖人之所生也」（性惡篇）。

有其種子而後能生出其事物，無此種性，則不能生出此物；若人只有惡性而無善性，則不能生出禮義，荀子曾藉辯難之言，加以解釋，以固其說云：

問者曰「人之性惡，則禮義惡生」？應之曰「凡禮義者，是生於聖人之偽，非故生於人之性也。

故陶人埏埴而爲器；然則器生於工人之僞，非故生於人之性也。故工人斲木而成器；然則器生於工人之僞，非故生於人之性也。聖人積思慮，習僞故，以生禮義而起法度，然則禮義法度者，是生於聖人之僞，非故生於人之性也。若夫目好色，耳好聽，口好味，心好利，骨體膚理好愉佚，是皆生於人之情性者也；感而自然，不待事而後生之者也。夫感而不能然，必且待事而後然者謂之生於僞。是性僞之所生，其不同之徵也。故聖人化性而起僞，僞起而生禮義，禮義生而制法度；然則禮義法度者，是聖人之所生也。故聖人之所以同於衆其不異於衆者、性也；所以異而過衆者、僞也。夫好利而欲得者、此人之情性也」。（性惡篇）。

人有禮義之性，始能生出禮義。假如人性純惡而無善，則禮義何以生？荀子所答問者之言，類乎當時辯士之談，未足解決問題；一則曰禮義生於聖人之僞，再則曰禮義法度爲聖人之所生；似乎謂禮義爲聖人所獨有，非衆人所能有。夫猿猴不能生出人性，牛馬不能生出犬性，故凡同類者舉相似也，聖人與人同類者也，禮義爲聖人所生，卽聖人有仁義之性也；若只聖人有仁義之性，而衆人無仁義之性，聖人爲不世出之人物，爲稀有之人物，則人間卽無仁義之迹矣。人有仁義之性，故聖人倡導仁義、而衆人能實行仁義。且孝慈乃人之天性，愚夫愚婦未受師法之化，亦能行之。謂聖人之善性過乎衆人可也；謂聖人之性異於衆人兩相懸殊不可也。以敎化之功啓導人之善性，使人由父子之親、而發揮爲博愛之德，聖人確有大功；謂衆人本無善性、而聖人能以人爲之功造出人之同情心、實現仁義之德、不可也。猶之工人之製器，其技藝雖爲後天所學而成，然其靈巧之性則先天卽有之；如無其性、則卽不能有其技術，故猿猴雖有斂性，亦有雙手，然不能習人類之工作。荀子以陶人爲器非生於人之性、以喻禮義法度非生於人之性，仍不足破天賦善性之理。

善性有強弱因而有君子小人之別

荀子云「聖人之所以同於衆其不異於衆者、性也；所以異而過衆者、僞也」（性惡篇）。又云「飢而欲食，寒而欲煖，勞而欲息，好利而惡害，是人之所生而有也，是無待而然者也，是禹桀之所同也」（非相篇）。又云「凡人之性者、堯舜之與桀跖、其性一也；君子之與小人、其性一也」（性惡篇）。此言聖人之性惡與衆人無異，飽安好利之性，禹桀所同，故堯舜桀紂君子小人其性惡相同。然而聖人究異於衆人，過乎衆人，其所以異者，卽在聖人能「化性而起僞」，變化惡性而興起禮義；然則禮義由何而生？必有其所自來也。荀子雖不言禮義由人性而生，然而禮義實由人心自然之理而生，自然之理爲天性本有之理，卽所謂理性。人之欲性惡性相同，理性善性亦相同，然則何以有君子小人之別？孟子云「人之所以異於禽獸者幾希，庶民去之，君子存之」（離婁篇）。人之所以異於禽獸，其幾希之點，卽在乎人有理性，衆人放棄理性，君子則保存理性，此君子小人之別，亦卽禹桀之所以不同。

蓋人之稟賦有厚薄，如人之身軀有高低，理性強者、足以控制欲性，克己復禮，盡量發揮其善德，是爲君子；理性弱者、每任欲以行事，貪求無厭，因而造成罪惡，是爲小人。荀子雖反對孟子性善之說，而亦曾說出此義，性惡篇云「直木不待檃栝而直者、其性直也；枸木必將待檃栝蒸矯然後直者、以其性不直也。今人之性惡，必將待聖王之治，禮義之化，然後皆出於治，合於善也」。此言木性有直者、有不直者，比之於人，即君子小人之別，聖王能以禮義化導衆人使合於善，亦即言聖王之理性強，故能正己而正人；然衆人若絕無理性，則必不能化而爲善，衆人能受聖王之化導，只是其理性不如聖王之強而已。

荀子未能徹底否認人有善性

荀子謂：人皆好聲色，好貨利，聖王因人之性惡，故興禮義；若人之性善，「則又惡用聖王，惡用禮義」！（性惡篇）。如此反覆暢談其性惡之論，然其所據之惡性，僅指物欲之性而言，簡而言之，亦即「食色」之性，此生理方面所需求之嗜欲，當然爲人性所同然。然而人生之條件，不止在乎物欲，荀子云「人之生不能無羣」（富國篇），羣體生活，必須以禮義爲保障，以禮義保障人生，此亦人性所使然。若謂人性善、則不須制禮義；然則人性惡、又豈能生禮義哉？禮義本爲天性所有之事，故荀子在無意中亦承認人有善性，其言云：

「塗之人可以爲禹」，曷謂也？曰「凡禹之所以爲禹者，以其爲仁義法正也。然則仁義法正有可知可能之理。然而塗之人也，皆有可以知仁義法正之質，皆有可以能行仁義法正之具；然則其可以爲禹明矣。……塗之人者，皆內可以知父子之義，外可以知君臣之正。……今使塗之人伏術爲學，專心一志，思索熟察，加日縣久，積善而不息，則通於神明，參於天地矣」。「故小人可以爲君子而不肯爲君子，君子可以爲小人而不肯爲小人。小人君子者，未嘗不可以相爲也；然而不相爲者，可以而不可使也。故塗之人可以爲禹則然；塗之人能爲禹、未必然也。雖不能爲禹，無害可以爲禹。」（性惡篇）

塗之人可以爲禹，與孟子所謂「人皆可以爲堯舜」（告子篇）同義。此處荀子明言：禹之所以爲禹，以其能行仁義法正，仁義法正有可知之理，塗之人皆可知仁義法正之本質於人類有何功用，而且人人皆具有能實行仁義法正之天才，禹之所能者塗人亦能之。然而禹能「積善而不息」，故成爲聖人；塗之人不能修禹之功，故不能爲禹；雖不能爲禹，而無損於其有可以爲禹之天性，「故小人可以爲君子而不肯爲君子，君子可以爲小人而不肯爲小人」，即言君子亦有惡性，而不肯放縱其惡性；小人亦有善性，而不肯發揚其善性。塗之人皆能明仁義之理，皆能行仁義之事，顯然人人皆有善性，然而人之所以不肯爲善者，「是不爲也，非不能也」，則人有善性也明矣。又謂「夫人雖有性質美而心辨知」（性惡篇），則又顯然說出人有善性；修身篇首段，亦顯言人有好善惡惡之性；然而其理論之中心仍堅持其性惡之說。

結語

荀子由性惡之觀念，而開出勸學、修身、解蔽、正論、君道、禮樂等、全部理論，欲使人歸於「

禮義之道」，而達盛世之治。「傳曰：堯舜之民，可比屋而封；桀紂之民，可比屋而誅。聖主之民如彼，惡主之民如此」（論衡率性篇），堯舜之民非無惡性，桀紂之民非無善性，蓋「文武興，則民好善；幽厲興，則民好暴」（孟子告子篇），上行下效，善人爲政，則人民以善性服從之；惡人爲政，則人民以惡性追隨之。且濟濟人羣，賢智者少，庸碌者多，修身立德難，貪鄙循私易，善性易被隱沒，惡性最易發作，多數人之通性如此，亂世之中此種現象尤爲普遍，荀子生當戰國末世，目睹殺伐暴亂之災禍，人類惡性之恣肆，觸目生感，其性惡之說乃由此而引起，史記孟荀列傳云「荀卿嫉濁世之政，亡國亂君相屬，不遂大道……於是推儒墨道德之行事興壞，序列著數萬言而卒」。亂由惡起，惡由人心蔽於一偏、不明正理而惑於私欲所致，故荀子解蔽篇首述亂國之君蔽於所私之禍。性惡篇所定善惡之標準，亦以治亂爲依據，曰「正理平治」爲善，「偏險悖亂」爲惡，正理與平治爲重疊詞，正爲公正，平爲公平，亦卽不偏私，凡事順理而爲則治，反之則亂，此乃爲政者之基本條件，亦爲人生處世之基本態度；與「正理平治」相反者，偏險而不正，悖亂而不治，卽爲爭奪禍亂興起之源。治亂之端、卽在乎人類此等善惡之行爲。

世間之事、難能乃爲可貴，然人多避難而就易，善行須修養，惡性易泛濫，故向善難而作惡易，若任性行事，則「犯分亂理而歸於暴」，於是禍亂起矣。人苟欲免除禍亂，必須受師法之化，行禮義之道，此全在人之作爲。人所能爲之事，荀子名之曰「僞」，然而衆人墮落於欲性，「可以爲君子而不肯爲君子」，最易發動惡性行爲；必賴有聖王起而倡禮義以導之，「嚴刑罰以戒其心」（富國篇）

，方能改化惡性使合於善，故荀子一面指斥人之性惡，一面推崇聖王之治、禮義之化。解蔽篇云「凡人之患，蔽於一曲，而闇於大理」，「墨子蔽於用而不知文，莊子蔽於天而不知人」。其實各家學說，皆持之有故，各有其立言之用意，墨子並非不知文，莊子並非不知人；若不究其內蘊，不窺其主旨，則荀子反對孟子性善之說，而堅持性惡之說，豈非蔽於惡而不知善？然而荀子大儒也，非一曲之士也，其對人性有深刻之認識，其性惡之說、乃因人性易趨於惡而發，並未抹煞人之善性，故曰「性者、本始材朴也；僞者、文理隆盛也。無性則僞之無所加；無僞則性不能自美；性僞合然後成聖人之名，一天下之功於是就也」（禮論）。材朴爲未經雕琢、未製器具之素樸質料，無美醜之形象，及經工人造成器具，乃有精粗優劣不同之形象。人之天性亦然，其本質可以爲善，亦可以爲惡，欲性與理性未動之時，初無所謂善惡，故曰「性本始材朴也」，材朴加以人爲之工，始能成爲美器，故曰「僞者文理隆盛也」；如無材朴，則工匠無所施其雕斲，便無成器之功。人若無善性，則無修養工夫；有善性而不加修養工夫，則性亦不能自美。所謂性不能自美，已隱言善性在潛伏之中，猶言無人工則器不能自成，然而器之質料則天然有之。既有善性，再加以修養工夫，兩美相合，聖人之盛德由是而成，化導天下、道同風一之功，由是而就。荀子此言已說出人有潛在之善性，惟必須加人爲之功，善性始能實現耳。

孔子云「性相近也，習相遠也」（論語陽貨篇），人類之性擧相似也，及與世事接觸，便因境遇之不同而生變化，子夏「出見紛華盛麗而悅，入聞夫子之道而樂」（史記禮書），衆人亦然，欲性喜紛華，理性喜道德，生於惡濁之環境，則欲性受其誘惑，流而爲惡；生於善良之環境，則理性受其啓發，進而向善。先天自然之性相近，後天人爲之功習於善則善，習於惡則惡，故曰「習相遠也」。「少成若天性，習慣成自然」（賈誼論政事疏引孔子語），善惡之果，乃人爲之事，故孔子行道濟世，注重政敎之功。衆人易於發展惡性而隱沒善性，孟子弘揚孔子之道，啓發人之善性，謂人皆可以爲堯舜，鼓勵人修身爲善，由人之良心自發。荀子亦弘揚孔子之道，特對人之惡性提出警告，謂必須嚴守禮之規範，故推崇聖人「化性起僞」之功，勸人爲學，勸人接受師法之敎化、良友之切磋，其全部言論以此爲主旨。孟荀言性，各據善惡之一面以發揮理論，而皆教人注重後天之修養與環境之薰陶，其立言之宗旨一也。

二、心　論

心性之別

簡而言之、心爲知覺靈明，性爲天賦本體，由本體而放出智覺靈明，猶之由水而發出潤濕，由電而發出光明；心性實不易分，故孟子以牛山有生木之性、與人有仁義之心相比，其所謂良心與善性、並無分別。心能悟衆理而應萬事，孟子云「心之官則思，思則得之，不思則不得也」，所謂「動心忍性」（告子篇），激動心靈之感，堅忍自強之性；所謂「盡心知性」（盡心篇），盡心靈思辨之力，不但明外物之理，而且反照自身，知本性善惡之機，故能舉措應理，動靜得宜，孟子此言，心性似亦有分別。

諺云「惡性重大」，「其心可誅」；或云「德性過人」，「仁心濟世」；性有善惡之分，心亦有善惡之分，心性似乎如俗所謂「一體之兩面」，或一物而異名，實不易作顯明之分別，荀子則截然將心性分而爲二。荀子只承認貪得好利之私欲爲性，故云人之性惡。若人性純惡，則聖人不能生禮義，衆人亦不能行禮義，然則人之善行由何而生？荀子云「心也者，道之主宰也」（正名篇），其所謂「道」，卽禮義之道，「人何以知道？曰心」（解蔽篇），心能知道，故有「仁心」、「公心」之稱（正名篇），如此、以惡由性發，善由心生，是心性有顯然之分別矣。然解蔽篇又云「凡以知、人之性也，可知、物之理也」；性旣能知理，與心能知道何異？如此則又心性不分，然荀子書中之總義則爲性惡心善、心性分立之說。

心爲人之主宰

荀子非相篇云「人之所以爲人者、非特以其二足而無毛也，以其有辨也。夫禽獸有父子而無父子之親，有牝牡而無男女之別。故人道莫不有辨。辨莫大於分（上下是非之分），分莫大於禮」。辨是非而明禮義，由於心（性惡篇云而心辨知）。「耳目口鼻形能各有接而不相能也（不能互相爲用），夫是之謂天官。心居中虛，以治五官，夫是之謂天君」（天論），試看天君之權能：

「心者、形之君也而神明之主也，出令而無所受令。自禁也，自使也，自奪也，自取也，自行也，自止也。故口可劫而使默云，形可劫而使詘申，心不可劫而使易意，是之則受，非之則辭。故曰心容（心靈狀態），其擇也無禁，必自見；其物也雜博，其精之至也，不貳」（解蔽篇）。

心不但爲五官四體之君，又爲精神靈明之主（內經云「心者君主之官，神明出焉」，荀子之言有所本也）。心爲人生全部之主宰，有至高之權力，發號施令，支配人之一切活動，未有加乎其上者，故無所受令。因爲「心生而有知」，心能「知道」（解蔽篇），「道者何也？曰禮義辭讓忠信是也」（彊國篇），「道者治之經理也（經常不易之理）」（正名篇），「禮者理之不可易者也」（樂論篇）。荀子所說之道可以「禮」總括之，心能知道明理，不合理之事，自禁、自奪、自止；合理之事，自使、自取自行。口可被迫而使之緘默，身可被迫而使之屈伸，心不可被迫而使之改變意志，是則接受，非則拒絕，是非自有判斷，所以心靈之表現，其所擇之是非，未有能反對而禁止之者，他一定要現示自己之主張。萬理皆備於心中，其所知雖然雜博，然而能專一精察而不迷惑，因其能明理自治，處斷事物是非分明，故不受外力之干擾，而主持人生之一切。

心之功用

心有內向外向兩大動力，向內用力者、內省自反，以求不違乎道；向外用力者、外察事理，以求與世和諧。聖人能內外兼修，達乎極致，從容中道，若大舜之「明於庶物，察於人倫，由仁義行，非行仁義也」（孟子離婁篇），衆人力不及此，只要存其良心，反身而誠，即可辨是非利害，順仁義之途不枉道而行，故孟子多講內省功夫。荀子則以爲亂世人性如此惡劣，「禮義者聖人之所生也」（性惡篇），聖人始能出乎自然，由仁義行。世衰道微，聖人雖不可見，然而社會秩序、仍賴聖人所倡之禮義以維持，若衆人皆破壞禮義、則社會秩序即徹底崩潰，人類無法生存。然而欲使衆人仁心自發，遵道而行，亦不可能；只有揭示聖人之禮法制度爲衆人遵從之目標，使人羣歸化，以達於治。荀子云

「禮義者治之始也，君子者禮義之始也。……君子者天地之參也，萬物之摠也，民之父母也。無君子，則天地不理，禮義無統；上無君師，下無父子，夫是之謂至亂」（王制篇）。此處之君子卽聖人之異名，如人性皆善，則曷貴禮義、曷貴君子？因人之性惡，故君子與禮義以身作則，領導羣倫，衆人當聽君子之領導，不可旣不能令又不受命。衆人無君子之聰明睿智，凡事只知當然不知所以然、無傷也；只要肯向君子看齊，服從禮義卽可矣。故荀子教人、特重客觀之禮法，人人尊重禮法，不違規範，而天下治矣。發本心之良知，自動向善；依客觀之禮法，克己自律；皆爲心之功用，此兩者、孟荀各有所重，而無偏弊，荀子以性爲惡，以心爲善，在其言論中、心之功用如下：

心能克制惡性——「欲」爲惡之所由生，故荀子以欲性卽惡性，老子教人「少私寡」（十九章），孟子云「養心莫善於寡欲」（盡心篇），儒道兩家皆主張寡欲。然人不能無欲，不能去欲。荀子云「飢而欲食，寒而欲煖，勞而欲息，好利而惡害，是人之所生而有也，是無待而然者也，是禹桀之所同也」（非相篇）。欲性禹桀所同，亦卽言禹桀皆有可能爲惡之性；然禹能治天下，而桀則亂天下，何也？禹能制欲，而桀則縱欲故也。故欲之多寡無關於治亂，治亂之因在乎能制欲與否，此全爲心之功用，荀子之言云：

「凡語治而待寡欲者，無以節欲而困於多欲者也。有欲無欲、異類也，生死也，非治亂也。欲之多寡、異類也，情之數也，非治亂也。欲不待可得，而求者從所可。欲不待可得，所受乎天也；求者從所可，所受乎心也。人之所欲，生甚矣；人之所惡，死甚矣；然而人有從生成死者，非不欲生而欲死也，不可以生而可以死也。故「欲」過之而動不及，心止之也。心之所可中理，則欲雖多，奚傷於治！「欲」不及而動過之，心使之也。心之所可失理，則欲雖寡，奚止於亂！故治亂在於心之所可，亡於情之所欲。……以所欲爲可得而求之，情之所必不免也。以爲可而道之，智所必出也。故雖爲守門，欲不可去；性之具也，雖爲天子，欲不可盡。欲雖不可盡，可以近盡也；欲雖不可去，求可節也。……道者、進則近盡，退則節求，天下莫之若也」。「凡人莫不從其所可而去其所不可，知道之莫之若也，而不從道者，無之有也。……故可道而從之，奚以損之而亂！不可道而離之，奚以益之而治」！（正名篇）。

心爲人之主宰，治亂在乎心之處事得當與否，不在乎欲之多寡。凡談治道而謂必須寡欲者，必其被欲所困而不能以心節欲故也。人類之生活問題複雜、故多欲；鳥獸之生活問題簡單，故寡欲；欲之多寡乃天性所具之理，與治亂無關。欲爲天然生就，無待人力作爲而即有之，欲之所需者不待其合理而始追求，此乃自然之事；然而人爲應付欲之所需，必因其合理而始營求，此乃受心之主持。人皆好生而惡死，然而人有舍生而就死者，非不願生而願死也，因爲當生則生，不當生決不怕死而偷生。所以「欲」若過乎心之所限、爲心所不許可，則動作不聽欲之指使，心止之也。心所許可之事合理，則欲雖多，亦無傷於治；倘欲尚未發作，而動作已過乎欲之所求，此乃心所指使。心所認可之事如失理，則欲雖少亦不能止亂。所以治亂在乎心所認可之事合理與否，無關乎情欲之多寡。以所欲爲可得從而追求，此乃情所不免之事；以所欲爲可得、而導之以達所願，此乃心所必出之智。性爲天生所具有，故雖爲守門之賤役、亦不能因家境困難而去其所欲；雖居天子之尊位、亦不能所求皆遂、而盡其所欲。欲雖不能盡如所願，然而自知所欲當適可而止，不宜無度，如此則欲已近乎盡矣；欲雖不能斷除，然而自知追求所欲、力不能逮，求而不得，只宜節欲以安身。故有道之人，進而在位，非圖享樂，自以爲我之欲望至此已知足，不再有所希求矣；退而在野，隨遇而安，自以爲飯疏食飲水，樂亦在其中矣。「素富貴、行乎富貴，素貧賤、行乎貧賤」（中庸），無入而不自得，天下未有如得道者之樂也。凡人莫不順從其所認可之事，而放棄其所不認可之事，知「道」爲至高無上，未有不從「道」者也。心中認爲此事合於道，則卽從而行之，豈能不顧事實，強加損抑以亂之？心中認爲此事不合於道，則卽離而去之，豈能妄加增益，曲爲造作以治之？心爲天君，心能明道，受心之支配，故惡性不能發作。

心有思辨、有徵知——非相篇云「人之所以爲人者何以也？曰以其有辨也」。「辨莫大於分，（是非上下之分），分莫大於禮」。一切事以禮爲本，「禮者、謂有理也」（管子心術上）。人同此心，心同此理，人心有思考，有分辨，故能明是非而處事合理。「性之好惡，喜怒哀樂謂之情，情然而心爲之擇，謂之慮」（正名篇）。對人處事，遇到刺激，則發生好惡喜怒之情，情之所然，未必合理，每因衝動而致愆尤，此全憑心智爲之抉擇，心之所可，則順情爲之；心所不可，則制止之；或行或止，皆由心之權衡以作取捨。心有此思考明辨之智，爲人之主宰，故人能歸於禮義之道。

正名篇云「心有徵知」，楊注云「徵、召也，言心能召萬物而知之」；亦卽心能作主動，攝取萬物而理解之。徵亦可作「驗」字解，言心能對照外物，考驗事實而知其理。又云「所以知之在人者，謂之知；知有所合。謂之智」。此知亦卽生而有知之知，亦卽能知之性。只有能知之性，而無對象，則「知」無從顯現，「知」有所合，謂「知」運用於對象之中，而完成認識了解之功以通其理，此「能知」與「所知」主客相合構成之知識、謂之「智」。解蔽篇云「凡可以知、人之性也；可知、物之理也」。謂人性能知，此能知之性，可以知物之理。——總之、謂心有主動之靈慧，能識辯客觀事物之理。但心靈必藉外物、始克發揮其能知之功用，徵知之義、兼重外物之觀察。

「心有徵知，徵知、則緣耳而知聲可也，緣目而知形可也。然而徵知必將待天官之當簿其類，然後可也」（正名篇）。天論篇稱耳目口鼻形體曰天官。簿讀爲薄（迫）、此處謂接觸也。耳目爲傳達機關，耳目接觸外物，將所聞所見之類傳達於心，心智支配耳目作詳細之審察，必得眞確之了解而後已，此卽所謂「然後可也」。例如遨遊深山，耳聞松濤之聲與潮聲相似，傳達於心，而心卽決然斷定，深山之中安有潮聲！命耳仔細聽之，果非潮聲；又如夜行荒郊，眼見草叢之中，怪石如虎，傳達於心，而心卽決然斷定，此地從來無虎！命眼仔細觀之，果然非虎。心固然須憑外物始克發其知辨之功用；然而萬象森列在前，心若不爲之注意，則只是寂然而已。故萬事萬理必須有心智照應，始能顯現，大學云「心不在焉，視而不見，聽而不聞，食而不知其味」，心不在焉，則耳目亦失其功能，「五官簿之而不知，心徵之而無說，則人莫不謂之不知」（正名）。心不在焉，則五官雖接觸外在之事物，亦漠然無所知，心雖有徵知之力，而未肯施用，故不能說出對事理之識辨；如此則等於無知，故人皆謂之無知。故心雖有思辨徵知之功能，然又須有修養工夫，不苟篇云「君子養心莫善於誠」，能「

專心一志，思索熟察」，至誠不息，則可通神明矣（性惡篇）。

心能知道——何謂道？儒效篇云「先王之道，……禮義是也」。性惡篇云「師法之化、禮義之道」。荀子所謂之「道」、卽禮義。禮義爲荀子所示人生之標準，亦爲判斷是非善惡之權衡；所謂聖人「兼陳萬物，而中懸衡焉，是故衆異不得相蔽以亂其倫也。何謂衡？曰道」（解蔽篇）。道卽禮義，聖人對於萬事萬物兼陳並列，不滯於一隅，而於中正之立場懸禮義爲圭臬，以衡量事理而求其是。

心何以能知道？——心有「虛壹而靜」、「大淸明」之本體，故能知道，解蔽篇云：

「心未嘗不藏也，然而有所謂虛；心未嘗不兩也，然而有所謂一；心未嘗不動也，然而有所謂靜。人生而有知，知而有志（誌），志也者、藏也；然而有所謂虛；不以所已藏害所將受、謂之虛。心生而有知，知而有異，異也者、同時兼知之；同時兼知之、兩也；然而有所謂一；不以夫一害此一、謂之壹。心臥則夢，偸則自行，使之則謀；故心未嘗不動也，然而有所謂靜；不以夢劇亂知、謂之靜。未得道而求道者、謂之虛壹而靜，作之則。將須道者虛之、虛則入，將事道者壹之、一則盡，將思道者靜之、靜則察。……虛壹而靜、謂之大淸明。萬物莫形而不見，莫見而不論，莫論而失位。坐於室而見四海，處於今而論久遠，疏觀萬物而知其情，察稽治亂而通其度，經緯天地而材官萬物制割大理，而宇宙裏（理）矣。」

人生而有知，有知則將所得之知識、誌之而藏於心中，所藏雖多而不自滿，決不以先入者爲主而阻止所將接受之新知識，此之謂「虛」。心生而有知，天下事物每有所謂「一體之兩面」，起初只「知其一，不知其二」（莊子天地篇），先見到此一面，未見到彼一面，及見到彼與此異，亦決不囿於所見，必將同時了解彼一面，以求兼而知之，知彼此之不同，謂之兩；然而兩面原屬一體，兩不相妨，事理無礙，此之謂「壹」。人當睡眠之時，心則遊入夢鄉，以遂其所思；人當懈惰苟且之時，心則自行放縱，而飄逸自如；人當處事用心之時，心則盡其思慮爲之設計；此皆心之動態。所以心未嘗不動，然而自有其靜，不受外物之擾亂，幻想之象，煩雜之事，皆不能蔽其靈明而汨其眞知，此即所謂「靜」。未得道而求道者，必先敎之以虛壹而靜，以作求道之法則。虛則入，壹則盡，靜則察，虛壹而靜則心境大清明，可以鑒照萬物，辨析其理，無所不當，不分遠近古今，皆能聞其事而知其情，以考驗治亂而明其法度之得失；如此、故能經天緯地，裁成萬物，而判定大理，心之功能發揮至此，包羅宇宙矣。

心有所蔽、則不能知道——人心相同，皆能知道，然而有違道者何也？解蔽篇云「凡人之患，蔽於一曲，而闇於大理。治則復經，兩疑則惑矣」。一般人蔽於一偏，不能見大道之全，若能治其蔽，除其闇，則可恢復正常而通大道，大道無貳，光明平正，無履險之苦，若遇歧路，而疑大道以外或別有佳境，見異思遷，此之謂兩疑，如此則迷惑謬誤。解蔽篇述亂國之君其蔽之大端云：

「亂國之君，亂家之人，此其誠心莫不求正而以自爲也，妒繆於道，而人誘其所迨（近）也。私其所積（積習），唯恐聞其惡也，倚其所私以觀異術，唯恐聞其美也。是以與治離走，而是己不輟也；豈不蔽於一曲而失正求也哉！心不使（用）焉，則白黑在前，而目不見；雷鼓在側，而耳不聞；況於蔽者乎！」

解蔽篇述亂國之君如桀紂，亂政之臣如唐鞅奚齊等，因蔽故致禍。濟世之君如成湯文王，輔治之臣如召公呂望等，因不蔽、故致福。又歷舉十蔽，曰「欲爲蔽，惡爲蔽，始爲蔽，終爲蔽，遠爲蔽，近爲蔽，薄爲蔽，淺爲蔽，古爲蔽，今爲蔽。凡萬物異則莫不相爲蔽，此心術之公患也」。此十蔽皆囿於所知，偏其所好，滯於一隅所使然。

蔽之所起，由於外物誘惑，心不自主而被陷溺，解蔽篇云「心枝則無知，傾則不精，貳則疑惑」。枝如樹之旁生枝節，傾、謂傾向於一偏，貳則顚倒無常。又云「凡觀物有疑，中心不定，則外物不清，吾慮不清，則未可定然否也」。心受外物之誘惑而被蒙蔽，或生出歧見，或偏於一端，或猜疑迷亂，於是心失自主之力，思想昏憒，不明是非，而惡性現矣。

何以除蔽？——心之本體猶如明鏡，鏡被塵蒙、則不能照物；心有所蔽，則不能明理。欲去塵，必須拭鏡；欲除蔽、必須治心。解蔽篇言「治心之道」云：

「人心譬如槃水，正錯而勿動，則湛濁在下，而清明在上，則足以見鬚眉而察理矣。微風過之，湛濁動乎下，清明亂於上，則不可以得大形之正也。心亦如是矣；故導之以理，養之以清，物莫之傾，則足以定是非決嫌疑矣。」

將盤水安置平正，則濁物沉下而清明在上，足以照鬚眉而察肌理。若被風吹動，濁物浮起，則清明被亂，乃不能照見人之眞貌。心亦如是，心若不虛靜，而受外物之搖動，則雜念湧起，蒙蔽靈感而混淆是非。因此，必須有治心之道，使心歸於虛靜，其道有二：一曰「導之以理」，二曰養之以清。「導之以理」、即遵從客觀之公理，致士篇云「禮以定倫（理）」。禮為人羣共守之法則、無禮則亂。禮既為合理之規範，則即當履行，尚書仲虺之誥云「以禮制心」，開導心志，歸依於禮，不受外物之紛擾，故胸境平靜，心有定律，而處事合理，動無不宜。「養之以清」、清者潔也、明也，不苟篇云「君子養心莫善於誠，致誠、則無他事矣」，誠者眞實無欺，純正無妄，能誠、則守道不二，雜念不起，胸無纖塵，可謂清矣。中庸云「誠則明矣」，能誠、則篤志向上，「博聞強識，敦善行而不怠」（曲禮），學以研理，行以驗事，於是理明事達，勸學篇云「君子博學而日參省乎己，則智明而行無過矣」。——外有明確之禮法為方針，無須另作主張，自尋憂煩；內依中和純一之德以自修，故胸懷磊落，神志清明；如此，則心即在虛靜之境，而發育靈慧，足以明至理而通大道。

結語

聖人為先知先覺者，衆人為後知後覺者。後知後覺者當服從先知先覺者之領導，荀子云「禮義法度者、是聖人之所生也」（性惡篇），「聖人備道全美者也」（正論篇），「天地生之，聖人成之」（富國篇），天地生人類，聖人「贊天地之化育」（中庸），而教人完成人生之道。荀子蓋以為天下之人庸碌者衆，衆人不可自作聰明，不可「愚而好自用」（中庸），只要能信奉聖人之道，即可矣。猶如今之科學發明家，其所創造之器物，衆人不能明其原理，只要安其所示之方法而為之、即可矣。

荀子雖講養心內修之工夫，然特別注重客觀之禮義法度。管子戒篇云「仁從中出，義從外作」，卽謂仁自內在之同情心而發，義由客觀之事實而定。墨子經說下亦有「仁內義外」之語，可知告子云「仁內也，義外也」，其說蓋有所本。中庸云「仁者、人也」，仁愛之心爲天賦所固有，爲作人之根本，仁爲諸德之源，啓發仁心，卽可「克己復禮」（論語顏淵篇），故孔子曰「苟志於仁矣，無惡也」（里仁篇）。孟子亦言「仁者人也」（盡心篇），孟子認爲「仁義禮智根於心」，「非由外鑠我也，我固有之也」（盡心篇、告子篇），孔孟皆注重人之內省自治工夫，要人培養仁心，由父慈子孝自然之愛開始，推己及人，擴充道德範圍，構成人文社會。在荀子所感亂世現象之觀念中，以爲化導人心，使之自動履行道德，實屬難能，不如逕直揭示聖人所定之禮法制度，爲人羣共同之圭臬。如禮運所云「人藏其心，不可測度也，美惡皆在其心，不見其色也，欲一以窮之，舍禮何以哉」！不敢要求人人皆誠心爲善，只要人人皆遵守禮法卽可；約定俗成，人人不得而違，使「父子不得不親，兄弟不得不順，男女不得不歡，少者以長，老者以養」（富國篇）。如此，人人皆不得不就禮法之規範、卽可矣。管子爲早期法家，其時已有「仁內義外」之說，敎人以內在之仁心，重視客觀之正義。荀子謂「心能知道」，「心爲道之主宰」，道卽客觀禮義之道，心之功用，卽在乎能明客觀之禮義。此與孟子所講良心自省之功用有所不同。

三、天　論

古人畏天敬天之思想

萬物紛纕，誰使之生？四時循環，誰爲之運？日月星辰，誰安排之？風雲雷雨，誰操縱之？玄渺難知，變化莫測；意者其必有至高無上之偉大力量，在冥冥中措施一切，而此偉大力量，無形無狀，不可想象，只宜名之曰神。神在何處？諒必不在塵世與凡人同處，諒必高居天上照臨下土；此皇古之人天神上帝之觀念所由起。由此觀念想到神爲宇宙萬有之主宰，人之生死禍福皆由神所按排。神在天上高不可見，吾人只要畏天敬天，即可膺神之默祐；此人類原始之天道觀，此「天」可稱曰「神性」之天。

中庸云「小人而無忌憚也」。人萬不可無忌憚，無忌憚則惡性恣肆，製造禍亂；畏天敬天，對天有信仰，則有所忌憚，而自行戒愼，不肯妄爲。救世教主、即根據此種心理而代天說法，建立宗教。畏天敬天、大抵各民族最初之思想相同。中國古昔雖無宗教，然領導羣倫之首長、尊稱曰天子，因其才德超衆，造福社會，博得萬民之擁戴，此非普通人所能爲，此乃天生英傑，大衆謂其受天命而降世爲君，故稱曰天子。

天子替天行道，其所倡之人倫紀綱，人羣必須服從，天下方能安樂。尚書泰誓曰「天佑下民，作之君，作之師，惟其克相上帝，寵綏四方」。意謂：上天愛護下民，故特造德慧兼備之人出而爲君爲師，負政治教化之責，以輔助上帝，安綏四方。此明言天爲有意志之天，泰誓爲武王伐紂之宣言，此係藉用自古畏天敬天之傳統思想、以啓導羣衆同心團結。

畏天敬天爲草昧思想之進步，人欲日盛，人智日開，對天神上帝之信仰，漸趨淡薄，桀驁之徒尤甚，其能力低者、則膽敢居心作惡，深知天不能降罰；其勢力大者、則橫暴無忌，竟敢公然輕侮上帝，以表其至大至尊、無所畏懼，如殷帝武乙無道，作木偶、謂之天神，與之博，令人代其動作，天神不勝，乃辱之，又爲革囊盛血，仰而射之，命曰射天。又如戰國時宋康王、窮兵黷武，侵略鄰邦，以爲天下無敵，亦以皮囊盛血，懸而射之，命曰射天（見史記：殷本紀、微子世家）。此二君結果皆不得善終，其實其無道之行爲，雖不射天，亦必自食惡果，此類事例、有助於一般人畏天敬天之思想。

上帝有至高之權威，聖君明王、替天行道，其所制之人倫紀綱，亦卽天道，亦卽上帝權威之實現，故違犯人倫紀綱者，必遭天譴，亦卽必受紀綱之制裁，迄今俗諺斥罵元惡大憝曰「無天無法」，天卽上帝，法卽紀綱；畏天者、守法者、皆不肯作孽犯罪。是以聖君明王、雖知衆人所信仰之上帝虛渺無憑，然而亦不肯斥之爲迷信，此非利用神權愚弄人民，蓋不干涉人民之天道信仰，於衞護世道人心有所裨助也。兇頑之徒、既不信上帝，雖受高等教育理智之訓練，然而知法犯法，大胆妄爲，是眞愚也。神道設教，勸人爲善，足以輔助政教；且後世天道信仰之演進、已非若原始觀念之淺簡；人之心理微妙多端，不能執一而廢百，神道之中別有佳境，此人之心理有所必需者，此亦人文雅趣之一端，此非片言所可詳述，是以今世文明國家，信教自由定之於憲法，而我國開化最早，古聖先賢、不輕視衆人之信仰，不排斥神性之天，而演出敬天法天之哲學。

唐虞三代之天道思想

黄帝時代已設天文曆法之官，帝堯時、掌管天文歲時之官曰羲和，測量天文之儀器曰璿璣玉衡（尚書虞書），其時已有專門學者，用儀器研究天體，神性之天道觀念早已改變。天子祭天地宗廟，乃別有其意義，禮記祭統云「夫祭者、非物自外至者也；自中出生於心也。心怵而奉之以禮，是故惟賢者能盡祭之義」。謂祭祀之義、非如俗人外信鬼神之傳說而然，乃由內心發乎情感出於至誠而然。感天地好生之德，念祖先啓後之恩，乃藉祭祀以表心願；故惟明理之賢者始了解祭祀之眞義。又云「賢者之祭也，必受其福，非世所謂福也；福者、備也，備者、百順之名也。無所不順者之謂備，言內盡於己而外順於道也」。俗人所謂福、乃將來之幸運，意外之收獲；此所謂福、乃治事順理，無所抵牾，猶如莊子天地篇所云「與天地爲合，同乎大順」，大順便是福。大雅云「永言配命，自求多福」，永念人生有天然必遵之道，故盡己之心以求合乎天道，此即「內盡於己，外順於道」，如此則心安理得，無往而不自然，猶如禮運所云：世事雖繁，「並行而不謬，動而不相害，此順之至也」，此卽人生之福也。——宇宙萬物皆由其自然之理以存在，自然之理卽天道，亦稱曰天理。古人敬天、卽尊崇天理，循天理而百事順，卽敬天所要求之福，而其實仍爲「自求多福」。自求多福，卽須效法天道之自然，「內盡於己」，修身自勵；「外順於道」，依理行事。其祭天祀祖之一切儀式，乃感情之表達，精神之勖慰，此可謂精神生活中一種「詩意」點綴，與世俗祭神祈福者之旨趣不同。

尚書皋陶謨云「天工人其代之」，天事由人君代行，聖君所宣示天之法則爲「天道福善禍淫」、「上天孚佑下民」（湯誥），夏桀無道，商湯伐之，曰「有夏多罪，天命殛之」；商紂暴虐，武王伐之，曰「商罪貫盈，天命誅之」（尚書：湯誓、泰誓）。天子承天命，除暴安良，天命以何爲憑？天在何處發表命令？皋陶云「天聰明、自我民聰明，天明畏、自我民明威」（皋陶謨）。天之視聽以人民爲耳目，人民耳所聞目所睹者、卽天之所聞所睹；故人民所贊揚之善，所疾忌之惡，卽天所示賞罰之目標。武王曰「天視自我民視，天聽自我民聽」，「民之所欲，天必從之」（泰誓）；天之視聽如何？由人民表達；民怨天必怒，欲看天之指示，卽觀察人民之表示；欲聽天之意見，卽接受人民之意見；天意卽民意，民意卽天意，天子代天行事，亦卽爲人民服務。天生德足服衆、才足濟世之聖賢爲天子，作人民之表率，替天行道，以身作則，人民不可各自爲天，散漫無紀，當服從天子之領導，變方合作，方能杜亂萌而致清平。尚書云「可愛非君？可畏非民」？（大禹謨），民以君負責造福蒼生，故愛之；君以民乃天意之所託，故畏之；上下皆以天理爲至高之信仰，人民如不服從天子所指導之天理紀綱，則社會紊亂，互相殘害，以陷於死亡；天子如不能負福庇人民之任務，而敢行暴虐，毒痛四海，天乃授意於人民，羣起而誅之；此乃天理之自然，信而有徵，此即古人之敬天哲學。

由敬天哲學衍出法天哲學，敬天、所現之行爲即爲法天，此本爲一事。天地爲萬物之總體，人爲萬物之一，生活在總體之中，當然須守總體之規律，亦即須循天道而行。人爲天地之分子，爲萬物之靈，天理自在人心，人心可以體悟天道、故知「滿招損，謙受益，是乃天道」（大禹謨），天道足以啓發人心，故「仰以觀於天文，俯以察於地理，是故知幽明之故」（繫辭上）。

儒門之周易專講天道人事變化之理，教人明天道以治人事，其幽深之義、在人之天機妙悟，而天道現象亦有顯然發人深省者，易中屢言之，如「天行健，君子以自強不息」（乾卦）。「履霜堅氷至」，示人以防微杜漸（坤卦）。「乾道虧盈而益謙」，故「人道惡盈而好謙」（謙卦）。「天地之道，恒久而不已」，故君子恒其德而不變（恒卦）。「天地以順動，故日月不過而四時不忒；聖人以順動，則刑罰清而民服」（豫卦）。「天地節而四時成，節以制度，不傷財，不害民」，故「君子制數度，議德行」（節卦）。「艮」爲知止之象，故君子「思不出其位」，「動靜不失其時」（艮卦）。「日中則昃，月盈則食，天地盈虛，與時消息，而況於人乎」！（豐卦）。盛衰得失，乃自然之變化，泰然處之而已。——大易所述天人相與之理，深入幾微，略擧其簡明之義如上，可知古人法天哲學之要旨。

古所謂聖人君子，大抵指聖君賢臣而言，故歷代沿襲、稱當朝之帝王曰聖上。道德學問兼備，足爲衆人之法者爲君子，故在位者必爲君子。君子未必皆在位，雖不在位，亦稱爲君子。聖君賢臣及在野之君子、皆爲上智之人；上智之人、始明法天哲學，而神性之天道信仰，仍存留於民間，君子不必破壞其信仰，因神道勸人爲善，使人有所畏忌，亦足勖勉一般人心。且世俗之人亦未必皆信神道，其不信神道者，因傳統積習，亦不敢公然反對。頑強之徒不但不能領悟法天哲學，甚至獎善懲惡之刑罰、擺在目前，彼亦視若無睹，故聖君賢臣未嘗不欲以理智、哲學開導衆人，衆人實不易躋於上智之境也。

明君賢臣不施行專制統治，雖據法天哲理以行事，而發號施令有時仍藉重民俗神道思想之趣味，以期大衆易於接受。故大禹誓師討伐有苗、曰「蠢茲有苗，昏迷不恭，侮慢自賢，反道敗德，君子在野，小人在位，民棄不保，天降之咎」，故我與爾衆士，奉上帝之令，以伐其罪（大禹謨）。盤庚遷都以避河決之害，而居民苟且偸安不肯從，盤庚乃向大衆宣言曰：假如「汝不謀長，以思乃災，……乃祖乃父，乃斷棄汝，不救乃死」（盤庚中），謂：汝等若不作久遠之計，不從遷居之策，不思及將來之災害，及至大難臨頭，乃向祖先祈求保佑，爾之祖先亦必恨爾之愚頑，以爲此等不肖之子孫，棄之可也，不救爾等之死。——如此、一面用政治力量，一面藉神道情感，乃完成遷都計畫。

先民之畏天思想、演出法天哲學，亦卽由神性之天道觀轉爲自然而有理則之天道觀，此可簡稱曰理性之天。至唐虞時代，則直將天道歸本於人道、而演出人事哲學。因爲、人事當順乎人心，人心自有天理，人事不違人心，亦卽合乎天理，此卽天人合一之道。尙書云：

「天叙有典，勑我五典，五惇哉；天秩有禮，自我五禮，有庸哉。同寅協恭，和衷哉。天命有德，五服五章哉；天討有罪，五刑五用哉；政事、懋哉懋哉！（皋陶謨）——叙與秩同義，此處叙指五倫之次序，秩指朝廷上下禮法之秩序。五倫爲父子、君臣、夫婦、長幼、朋友。五禮爲天子、諸侯、卿大夫、士、庶人、互相對待之禮法。勑爲謹愼，庸爲常道。有德之人爲對國家有大貢獻者，五服爲依功績所定之五等榮譽服裝。五刑爲按罪犯輕重所定之五種刑罰（五刑屢有改變、故其說不一）。

前文大意謂：天意所定之人倫秩序，有正常自然之道，五倫爲人生之達道（中庸稱五倫曰五達道），吾人當恭身篤行，養成倫理惇厚之風。五禮爲朝野上下接嵌關係，溝通感情之法度，皆有合理之常道，君民上下當共同敬重此道互相融協，方能心境和善，天下一家。天道賞善罰惡，故有五服之表揚與五刑之懲戒。——由父子之親發達家庭倫理，由君臣之義鞏固國家組織，由長幼之序朋友之交敦睦社會情誼；凡人生道德、法令紀綱、皆本天然之理而制定，由此而言，則天道爲理性之天，已無神秘意味。是以商湯之桑林禱雨（見荀子大略篇及呂氏春秋順民篇）；文王之殮葬枯骨（呂氏春秋異用篇）；武王路遇暍死之人、擁而扇之、冀其復甦（帝王世紀）；武王有疾、周公禱於祖廟、願代兄死（尚書金縢）；凡此諸事，外觀似乎與衆人之崇拜神道無異，而其實此全係內心之情感表達。且天之大旱不雨，人之疾病死亡，而今科學世界亦無可如何；無可奈何之事，只有憑心理之玄想、自作慰藉、以解憂思。一九六九年，美國人初登月球，全世界教堂爲之祈禱，太空人艾德林報其經過云「登月球過程中，以太空船爲教堂，太空船登於月球，第一件事卽默誦聖經、舉行祈禱，然後開始正式工作」。其實保其安全爲科學之功，與祈禱無關，明知如此、亦不得不祈禱，祈禱則心願已達，心情安慰，有助於精神力量。此未必人人凡事皆須如此，人之心理微妙複雜，有必須如此者，此不可概以迷信視之。是以古聖先賢不破壞衆人之神道思想，而祭天祀祖各種儀文、任其流傳，以其有勖慰人心、滋潤生活之功用也。

朝代更易，文物制度，有因襲、有改革。因時制宜，雖有改革，而根本之要道則不能改。周公制禮作樂，寓政治於教化之中，對於往代之禮法政教雖有所更變，而對衆人之神道思想，社會之傳統習俗，無礙於倫理德化者、亦未強爲改革，蓋不可與歷史脫節，不干涉信仰自由，不可與羣衆相乖異故也。故禮書所載「天子祭天地，諸侯祭社稷」（禮運），皆仍循古禮。冠、昏之禮，日期、儐相，皆須占卜諏吉，皆須告廟祭祖。喪禮、用商祝指導各項儀式（見儀禮：士喪禮。商祝、習商朝之禮者，因商人善講敬神之事）。祭禮用法定之人居神位、名曰尸，代神受饗（儀禮：士虞禮），此在今人視之，甚可異也。凡燕飮、鄉射諸禮，皆必舉酒以祭，一切禮中之儀文，皆有神秘肅穆之意味。周禮所載官吏之設置，對世俗之細事亦顧及周到，如太卜、司巫（春官），硩蔟氏（秋官、掌除夭鳥），方相氏（夏官、以人化裝爲猙獰可怖之武士，以驅疫癘不祥之氣），皆因民俗而設專職以治其事。——中國文化至周而大盛，聖君賢臣，運用「法天」思想於人事哲學，實踐篤行。民間之神道信仰，有裨於大衆之生活趣味，於邦家之事無礙，是以政通人和，庶績咸熙，聲教迄於四海，德威震乎八荒，天下清平，蠻夷率服，而成爲盛治之世。

在上位者不破壞世俗之神道信仰，有時可以利用此種信仰以調協人事。天子祭天地山川，仍遵傳統之儀文，此可謂「詩意」之發抒；而政教之實際，則不參入神道思想。在位者如迷信神道而現之於行事，則必遭君子之非議，周朝哲人此類言論頗多，略擧數則如下：

管仲雖不廢「修除神位，謹禱弊梗」等事（有弊敗梗塞之事，一時若無善策，則祈禱以助信心）。然而其對禍福之由來則曰：明君「皆受天賞」，昏君「皆受天禍」，謂福由自來，禍由自取也。（管子四時篇）

周僖王二年，鄭之都城，內蛇與外蛇鬥於南門中，內蛇死，衆人以爲即大夫傅瑕弒鄭伯納厲公之預兆。魯莊公問於大夫申繻曰「猶有妖乎」？對曰「妖由人興也，人無釁焉，妖不自作，人棄常，則妖興。」（左傳、莊公十四年）

鄭大夫裨竈善占候之術，周景王二十年，裨竈謂子產曰「鄭將有火災，若我用國寶玉珪玉爵、行術禳災，鄭必不火」，子產弗與，鄭果火。次年，裨竈又曰「不用吾言，鄭又將火」！正卿子太叔勸子產聽裨竈之言，子產曰「天道遠、人道邇，竈焉知天道？是亦多言矣」！仍不聽，鄭亦未再火。（左傳、昭公十八年）

齊景公患疥瘧，期年不愈，怨史固與祝佗祝禱不善，欲懲罰之，以問晏子，晏子曰「君以祝爲有益乎」？公曰「然」！晏子曰「若以祝爲有益，則詛亦有損也；百姓之咎誹謗詛君于上帝者多矣，一國詛，兩人祝，雖善祝者不能勝也。且夫祝直言情，則謗吾君也；隱匿過，則欺上帝也；上帝神、則不可欺，上帝不神、祝亦無益，願君察之也。不然、刑無罪，夏商所以滅也」！公曰「善解予惑！」（晏子春秋、內篇、諫上）

周惠王十五年，民間傳說有神降於莘，虢公使祝應、宗區、史嚚前往祭禱祈福，史嚚曰「虢其亡乎！吾聞之，國將興，聽於民；將亡、聽於神；神聰明正直而壹者也，依人而行，虢多涼德，其何福之能得」！後數年，晉滅虢。（左傳莊公三十二年）

周桓王十四年，楚武王侵隨（今湖北隨縣），故示軍勢羸弱，以誘隨之驕心，隨侯之寵臣少師，果欲追擊楚師，隨侯將許之，季梁止之曰：以小敵大，必須小國有道，大國淫亂，有道必能勝無道。楚大國也，今其羸，乃誘我也，「所謂道、忠於民而信於神也」！隨侯曰「吾之祭祀，粢盛豐備，何則不信」？對曰「夫民神之主也，是以聖王先成民，而後致力於神。故奉牲以告曰：博碩肥腯，謂民力之普存也，謂其畜之碩大蕃滋也，謂其不疾瘯蠡也，謂其備腯咸有也也。奉盛以告曰：絜粢豐盛，謂其三時不害（不違春夏秋之農時），而民和年豐也。奉酒醴以告曰：嘉栗旨酒，謂其上下皆有嘉德，而無違心也；所謂馨香無讒慝也。故務其三時，修其五敎，親其九族，以致其禋祀，於是乎民和而神降之福，故動則有成。今民各有心，而鬼神乏主，君雖獨豐，其何福之有？君姑修政，而親兄弟之國，庶免於難」！隨侯懼而修政，楚不敢伐。（左傳桓公六年）

以上所述，管仲謂天道賞善罰惡，中編謂「人棄常，則妖興」，皆謂人意卽天意，神道不離人道。子產謂「天道遠，人道邇」，晏子則謂祝禱無益；其心中根本不信神道。雖不破壞人民之信仰，而對于在位者如有迷信神道之行爲，則力加阻止。爲政者如英明奮發，以民事爲重，接受民意，實事求是，則其國必興。反之、如昏庸無能，而又私心作祟，處處疑神疑鬼，事事皆有忌諱，不盡人事，全靠時運，此卽所謂聽於神，其國必亡。須知神乃依人而行，故民爲神之主，無民則無神。國安民和，上下一體，動則有成，事無不諧，若有神助，此卽所謂福。在位者勵精圖治，福惠衆生，與民同樂，而不自居功，只有感謝天地造化之德，於是祭上帝、祀山川，藉禮樂儀文以淑性情，以化人心，此卽所謂「先成民而後致力於神」，史嚚、季粱之言，皆富有哲理也。

孔子之天論

孔子祖述堯舜，憲章文武，宏揚周公之學，其天道思想，當然繼前聖之緒，歸本於人事哲學，不能返回神性之天道觀。如前段所述春秋時代管仲晏子等名相賢臣，關於天道之言論已入於哲理範圍；而況孔子以天縱之聖，博學多聞，通易學之理，知幽明之故，其對天道之體察，當然致廣大而盡精微，惟其特重人生哲學，不好談天道而已。有人曲解論語之言、而謂孔子之天道觀仍在神性境界者、此大謬也。夫孔子聖之時者也，決不能與歷史脫節而轉回唐虞以前神性之天道思想。

前已說明、神性之天道觀至唐虞時代已變爲自然而有理則之天道觀，此「天」可簡稱曰理性之天。觀察天地之玄妙，因而意想到鬼神，故天地鬼神合爲一詞、流傳至今。由直覺作用所見到天高地厚有形可指，然而天降雨露，地生萬物，變化莫測，有不可想象之偉大力量，古昔之人以為此種種偉大力量，必有發動者在冥冥中執行各部任務，此即所謂鬼神，故鬼神可畏。及神性之天變為理性之天，則以昔之所謂鬼神、即天道自然之理發生力量之別稱，自然之理不可違犯，亦即鬼神不可違犯。唐虞時代將天道運用於人事，故鬼神亦依人而行，帝舜將禪位於禹，禹以當卜選功臣為辭，帝曰「朕志先定，詢謀僉同，鬼神其依，龜筮其從」（大禹謨），意謂：我先已決定讓位於汝，並徵詢大衆之意見，亦皆贊同，事既合理，鬼神當然依順，而卜筮占之亦必為吉也。——合乎天地自然之道、即為眞理，人有理性，眞理自在人心，合理之事即如中庸所云「建諸天地而不悖，質諸鬼神而無疑」，故禮運云「人者天地之心也」。人不悖眞理、即不悖天地鬼神，則天地鬼神亦不悖人意，此自唐虞至周朝聖賢哲人天地鬼神之觀念；而古昔傳統之神道，大衆之信仰，任其自由，聖帝明君、為不違人羣禮俗，為感謝天地造化，仍然不廢祭天地鬼神之禮儀，以暢抒情志中之詩意，孔子之天地鬼神思想即基於此。

儒書中對鬼神之解釋云「陰陽不測之謂神」（繫辭），凡「山林川谷丘陵、能出雲為風雨、見怪物（反常之事物），皆曰神」（禮記、祭法）。總之凡事理微妙難窮者、即謂之神。祭法云「人死曰鬼」，祭義云「衆生必死，死必歸土，此之謂鬼」；此以鬼為人死後之稱。又云「因物之精，制為之極，明命鬼神，以為黔首則，百衆以畏，萬民以服」。百物之精靈皆足感人：日月輪轉，光明普照；風雨應時，黍稷豐收；山川毓秀，庶物蕃盛；聖哲大德，流芳千古；凡此種種，皆足美善人生，對此美善之精靈，制定極尊之稱，名之曰鬼神，以為民衆之法則，使之有所畏敬，知所服從；其實亦即服從天理，鬼神卽天理潛在之動力；此則鬼神仍爲一詞，不必分解。「人死曰鬼」，人人皆有死，鬼爲人死之稱，然生前無不朽之盛德，則死後不能爲衆人所敬之神，惟其對於子孫則有大恩，故子孫奉之爲神，詩云「禮儀既備，鐘鼓既戒，孝孫徂位，工祝致告，神具醉止」（小雅、楚茨）。此祭宗廟之詩，此神卽孝孫對祖先之稱；然有時亦簡稱曰鬼，楚令尹子文爲若敖之後，知其弟之子越椒將致滅族之禍，泣曰「若敖氏之鬼、不其餒而！」（左傳宣公四年），意謂若敖氏之族滅後，則祖先受餒，無人祭祀矣。孔子云「非其鬼而祭之，諂也」（論語爲政篇），當祭之鬼、指各人之祖先而言，故祖先亦列爲鬼神，可簡稱曰神，亦可簡稱曰鬼。

明乎上述天地鬼神之義，卽可知孔子之神道觀念，不可因論語文字簡略而斷章取義以解釋孔子之思想。茲擧論語中孔子之言，以明其本意：

子曰「天何言哉？四時行焉，百物生焉，天何言哉」？（陽貨篇）——此卽言天爲自然而有理則之天。無言、卽無任何造作行迹、自然而已。禮記哀公問詳言此義云：公曰「敢問君子何貴乎天道也」？孔子對曰「貴其不已，如日月東西相從而不已也，是天道也；不閉其久，是天道也（閉、止也，阻塞也，天道自然，活潑無阻，遇窮則變，變而遂通，永無阻滯，故能久也）；無爲而物成，是天道也（不表示其作爲之功，而萬物莫不生成）；已成而明，是天道也（既已生成，而萬象森然、各順其理，各適其性，有物有則、不相紊亂）。」——天道如此，神妙偉大，故聖哲尊天法天，孔子云「大哉堯之爲君也，巍巍乎唯天爲大，唯堯則之。」（泰伯篇）

子曰「鳳鳥不至，河不出圖，吾已矣夫！」（子罕篇）——自古聖君御世，如有異事出現，衆人便稱之爲祥瑞，易繫辭云「河出圖，洛出書，聖人則之」。尙書益稷篇云「簫韶九成，鳳凰來儀」。相傳伏羲睹黃河有圖象，因有所悟，而畫八卦，大舜之樂名簫韶，其樂九曲奏成，鳳凰來舞，後世傳爲佳話，謂黃河出圖，鳳凰出現，爲聖君在位之吉徵。孔子以生不逢時，故借用古語以喩己意，曰：不遇明君，我無用世之機，只宜已矣。——孔子此言，並非如後來陰陽家所講帝王受天命必有符瑞之說也。

「郊社之禮，所以事上帝也；宗廟之禮，所以祀乎其先也。明乎郊社之禮、禘嘗之義，治國其如示諸掌乎！」（中庸）——帝爲主宰之義，皇古之人，神道觀念，以主宰天地至尊之神必高居天上，因而有上帝、天帝之稱。至唐虞時代，哲人思想中天地之主宰，已變而爲自然眞理，然而上帝之尊稱則未改易。聖哲尊崇眞理與羣衆之崇拜天神同樣虔誠。一般人之想象以爲上帝在冥冥中、猶如人間之帝王，帝王有百官分任衆職，上帝有百神董理萬物。聖君明王，恐人民濫於祭祀，漫無限制；故規定「有天下者祭百神」（祭義），「肆類于上帝，禋于六宗，望于山川，徧于羣神」（舜典）（肆爲承接上文，作「遂」字解，類禋皆祭名。宗、尊也，尊而祭之也。四時、寒暑、日、月、星、水旱，爲六宗）。山川衆多，不能一一往祭，只巡守五嶽登高望而祭之，誠敬之意，普徧於羣神。天子爲人民之領袖，代人民祭天地百神，本有重大之意義，人民只各祭祖先，以盡孝道卽可矣，不必擔負其他祭祀，故孔子曰「非其鬼、而祭之，諂也。」天子之一切祭禮，傳至周朝，周禮春官、大宗伯職務之內、所記甚詳。郊爲祭天、社爲祭地，即自古奉事上帝之禮，禘、爲帝王宗廟之大祭，嘗、爲秋日祭祖之禮。祭天地代萬民致敬，並含「百姓有過在予一人」之意（論語堯曰篇）。祭宗廟爲報本追遠，「愛敬盡於事親，而德教加於百姓」（孝經）。帝王天地宗廟之祭，其實際之意義爲尊天道、敬祖先、愛人民之眞誠表現，故曰「明乎郊社之禮、禘嘗之義，治國其如示諸掌乎」！論語八佾篇亦云：明乎禘之眞義，則治天下之道、瞭如指掌矣！

「祭如在，祭神如神在。子曰：吾不與祭如不祭」（八佾篇）——祭宗廟爲追念祖先之恩德，不忘本、致誠敬，以盡孝意，故當「事死如事生，事亡如事存」（中庸），如同面對祖先一般，不可稍有敷衍。若以人死無知，行禮展拜，只是應付具文而已，如此則祭祀有何意義？天子祭天地百神，祈禱風調雨順，年豐民樂，勤政愛民之勞苦而外，只有藉祭祀以求神助；故祭祀當虔心致敬，猶如眞神來臨、感我至誠，降福穰穰，答我所願。若不能體會祭義，以爲此乃迷信之遺風，「鐘鼓喤喤，磬筦將將」（周頌），聊以作樂而已，則此祭便等於不祭，故孔子曰「吾不與祭如不祭」。

王孫賈問曰「與其媚於奧，寧媚於竈，何謂也」？子曰「不然，獲罪於天，無所禱也！」（八佾篇）——奧爲室中深奧之處，珍物皆藏於此，此須求神呵護，內室西南隅，不見戶明，此處最爲幽奧，如有神、必在此，因而有奧神之祀。竈爲烹飪之所，關係人之日常生活，故又有竈神之祀。奧爲深幽嚴密之所，祭有定時。有人以爲每日炊爨飮食不離於竈，故當對竈神表示格外親近。此顯然俗人亦流露神乃依人而行之意。王孫賈爲衞國執政大臣，其引此俗語問孔子，乃別有含意，姑且不述。孔子所答義甚顯明，天道爲自然之理，天理卽眞理，有絕對之威權，故稱曰上帝，任何人不能違犯眞理，違犯眞理、上帝必懲罰之，得罪於上帝、一切諸神皆不敢庇護，「媚於竈」有何用哉？故曰獲罪於天，無所禱也！」——以至雍也篇所謂「予所否者、天厭之，天厭之」，子罕篇所謂「天之未喪斯文也，匡人其如予何」？凡所講之天皆爲眞理之天。

子曰「務民之義，敬鬼神而遠之，可謂智矣。」（雍也篇）——鬼神爲天地造化之功能，人爲感情動物，感天地生養之恩，故敬鬼神。天生萬物、各賦以生存之道，人當本乎人生之道，以求生活完美，若不盡己之力以崇德廣業，而惟祈福於鬼神，是大愚也。卽就俗人之意想而將鬼神擬人化，皆以鬼神主持正義，「作善降之百祥，作不善降之百殃」（尙書太甲），正大而尊嚴，若不作善，而欲藉豐美之祭禮，以求通於鬼神，是以貪官汚吏揣測鬼神也；罪尤甚焉。故孔子云：人只要站在本位，盡其職責，爲所當爲之事，敬鬼神而遠之，勿生迷惑依賴之心，便可謂明理之人矣。

子疾病，子路請禱，子曰「有諸」？子路對曰「有之；誄（讄）曰：禱爾于上下神祇」。子曰「丘之禱久矣。」（述而篇）——讄、禱也，累述功德告于神、以求福也。凡祈禱：有求福者，有自知有罪、而向神懺悔祈求饒恕者。孔子病，子路請禱，子曰「有此理乎」？子路對曰有之；並引古讄以爲證。孔子以仁智之聖、平生言行，事事必求合理，此卽等於時時在求無愧於神明，故曰「丘之禱久矣」！

綜上所述，可知孔子之天道觀。俗人之神道信仰，自有其意義，孔子未有所議；而對於門弟子則力避鬼神之探討，從來「不語怪力亂神」之事（述而篇）。嘗云「信鬼神者、失謀，信日者、失時」（說苑第二十）。子路問事鬼神，子曰「未能事人，焉能事鬼」！又問人之死後如何？子曰「未知生，焉知死」？（先進篇）。人與人、心情相通，生活相同，對于事人之道猶未能盡善，而況鬼神在虛無之中，不可揣測，焉知所以事之之道？人生之事猶未能盡知，死後之事，何以知之？子貢亦問孔子「死人有知無知」？子曰「吾欲言死者有知也，恐孝子順孫妨生以送死也；欲言無知恐不孝子孫棄不葬也。賜欲知死人有知將無知也，死、徐自知之，猶未晚也」（說苑第十八）。孔子對弟子專講實際之學問，故對于人死後問題之討論，亦顧及於世道人心之影响。本乎人情、順乎禮俗、所講祭祖奉先「愼終追遠」之旨，在乎使「民德歸厚」（學而篇）。凡魯國太廟之祭，以及年終之蜡祭，孔子皆參與焉（魯之太廟卽周公廟，子入太廟助祭，見八佾篇。天子諸侯十二月祭百穀及田園之神，名曰蜡祭，孔子與於蜡賓，見禮運）。各種祭禮皆爲感情之慰藉，「詩意」之發抒，聖人所不廢也。

孟子之天論

孟子承孔子之學，其所認識之天亦爲「理性」之天，在其言論中顯然可睹，略述如下：

齊宣王問曰「交鄰國有道乎」？孟子對曰「有！惟仁者爲能以大事小，是故湯事葛、文王事昆夷；惟智者爲能以小事大，故太王事獯鬻、句踐事吳。以大事小者、樂天者也，以小事大者、畏天者也，樂天者保天下，畏天者保其國。」（梁惠王篇下）——天道卽自然之理，大國如恃強而驕，欺凌小國，則爾詐我虞，彼此不安，倘不幸發生戰禍，則彼此流血，此自然之理也，此仁者所不爲也。仁人實行大道，謙下爲懷，天下爲公，對于弱小之邦，體恤而扶植之，則弱小之邦懷德而崇敬，大雅云「懷德維寧」，使對方懷德，則彼此安寧，於是大國被小國所擁護、而益強矣，此亦自然之理也。大國強盛，小國羨慕，當表示親善，效法之而受其領導，必能得其惠助，此自然之理也。若懷嫉忌之心，既不能能令又不受命，敵對相峙，必遭打擊，此亦自然之理也。大國主持正義，反對侵略，必能安定天下，此樂於實行天道者也。小國自知弱不敵強，故恭順委婉，以求曲全，此能敬順天理者也。

魯平公將往見孟子，嬖人臧倉毀孟子，遂作罷。樂正子（孟子弟子）見孟子曰「克（樂正子名）告於君，君爲來見也，嬖人有臧倉者沮君，君是以不果來也」！孟子曰「行或使之，止或尼之，行止非人所能也，吾之不遇魯侯、天也；臧氏之子焉能使予不遇哉！」（梁惠王篇下）——戰國晚期，天下益亂，孟子抱濟世之志，繼孔子「知其不可而爲之」之精神，用之則行，舍之則藏，盡心焉而已，不肯降志辱身苟合於時君。魯平公乃庸弱之君，孟子知其不可與有爲，因弟子樂正子之介紹，平公欲見孟子，孟子亦不拒絕。及平公聽嬖人之言而止，孟子亦不以爲憾。蓋孟子之欲見平公，欲陳治國之道，冀其採納耳，卽果然相見，平公亦不能採納忠言，則雖相見有何意義？平公既爲庸人，其欲見孟子、並非有尊賢問道之心出乎自動；乃聽樂正子之言而欲往見。其不見孟子、亦非知孟子對其無所裨益而自動作罷，乃被小人所阻而止；此足徵其闇弱而無自主之力。孟子爲鄒人，鄒本附屬於魯，儼同一國，以孟子之賢，齊梁大國之君皆尊禮之，平公若有中才之智，亦必自動往見孟子，豈小人所能阻止？此全由自己作主，決非他人所能左右。然而天生平公之庸闇，竟惟嬖人之言是從，下愚不移，乃自然之理。假如平公爲中上之才，可與有爲，孟子亦必自動往見之，非臧倉所能阻止，孟子之不能與平公相遇，乃天然所成之條件，彼此皆無必須相見之要求，故曰「吾之不遇魯侯、天也；臧氏之子，焉能使予不遇哉」！

「夫天未欲平治天下也，如欲平治天下，當今之世，舍我其誰也？」（公孫丑篇）——自古天下一治一亂，每當亂世，有大智大勇之王者出，選賢與能，實行王道，興仁義之師，誅暴安良，於是天下復歸於太平。孟子謂：方今列國紛爭，四海浮騰，時君之中，竟未有王者之才，起而作撥亂反正之計，天既未生出此種人才，則亂靡有定，是天未欲平治天下也；假如有此種人才出而選拔輔弼之人，實行王道，則當今之世。伊呂之任，舍我其誰？齊梁之君，雖非魯平公之流，然亦皆非王者之才，其不能用我，乃理之自然，我無所怨尤也。

「犧牲既成，粢盛既潔，祭祀以時，然而旱乾水溢，則變置社稷。」（盡心篇）——人間之事，皆由人心所安排，故世俗所傳之神道儀文，便成供人消遣之事。社爲土神，稷爲穀神，皆設祭壇以祀之，社稷代表國家，國君祭之爲全國祈福。祭祀既未失時，所供之牛羊祭品，亦皆豐潔，然而旱災水災神不能禦，則當毀此社稷，另立新社稷，以爲神不能保民之懲罰。水旱之災，人力無可如何，故祭禱於神以慰心情，此神若不能爲人民除災，則廢之，另立新神以奉祀之；如此則神權變爲民權，神之廢立，其權在人。人與神之關係，蓋早已如此，如禮記郊特牲篇所述：年終八之祭，若某地年歲歉收，則不舉行蜡祭，此卽等於對神表示、爾不賜我年豐，則我亦無須向爾答謝。而其實乃因此地歉收，故免此祭典以節民財。假如來年豐收，則仍舉行蜡祭，以盡神人咸悅之歡，實際此乃年豐農暇之一場娛樂，仍以人民爲主。社稷之神如徒享祭祀、而不能福民，若仍祭之，則流爲神權迷信，然一般人終有神道信仰，故另立新社稷以示尊敬神明，此乃不悖禮俗，以順人情而慰衆心也。

總上所述，孟子續續前人「理性」之天道觀。宇宙萬物皆本乎自然之理以存在，自然之理卽天理，孔子言「天地之性人爲貴」（孝經第九章），所貴者卽孟子所提出之善性，善性卽天所賦予之理性；故天理自在人心之中，此卽宋儒所講「性卽理」、或「心卽理」之淵源。萬理俱在心中，心爲萬能，故人間之一切事，皆由心所按排，心所按排凡事必求合理，卽爲天道。

荀子之天論

神道設教，勸人爲善，在古昔之時，對政治大有功用；神道中幽玄之旨趣，爲一部人心理所需要，故其思想永遠流傳，此不可以唯物眼光視之爲迷信。中國先哲對人生之道，見解周全而明徹，雖注重理性，而亦不排斥神道。禹曰「惠迪吉，從逆凶，惟影響，」（大禹謨），謂凡事順乎理，則吉；逆於理，則凶；如影之隨形，如響之應聲一般，信而有徵。伊尹曰「惟吉凶不僭，在人；惟天降災祥，在德」（咸有一德）。皆言吉凶禍福在人之自爲，天道不外乎人道。前已說明至唐虞時代、神性之天道觀已變爲理性之天道觀，至孔孟時代、天帝鬼神之事，完全由人之理性作主，故其言論中不見有神性之天。神道思想只是若隱若顯、流傳於一般衆人心中，亦有專治其學說而執行其事者，如巫、祝、占候、卜筮、星命、相術之流、皆屬之。

墨子在戰國時爲一大學派，雖反對定命論及占驗之說（墨子有非命篇，貴義篇末段反對占驗），然而卻欲恢復神道思想，故作天志篇、謂：天有意志「天欲義而惡不義」，「有義則生，無義則死」，天反對一切惡行，故賞善而罰惡。又作明鬼篇、竭力反對無鬼之論，謂：天下之所以亂，卽因人不信鬼神。強暴寇盜之行爲，人不見，鬼見之，鬼神「賞賢而罰暴」。墨子欲提倡天帝鬼神之信仰，以警惕人心，勸人爲善，其用意良好；惟因其說粗淺，上不能取信於王公大人，而下等兇惡之徒，對鬼神之有無，只是半信半疑，終不能制止其惡行，故墨子空費苦心，未見實效。

陰陽、五行、災異、禨祥之說，簡稱爲陰陽學說，日月晦明，陰晴寒暑，爲陰陽之現象；金木水火土爲五行，爲代表一切物質之簡稱，古人以陰陽五行代表天地。災爲天災，如水旱風雹等是；異爲反常之事，如一駒雙首、桃李多華等是；禨祥爲吉凶預兆。人類生活在陰陽五行之中，昔人見種種現象，由直覺作用而發生種種想法，如天降甘露、地出醴泉，凡一切令人美感之事，皆為吉兆；山崩地裂，河決海嘯，凡一切可怖之事，皆為凶兆；乃至黃雲蔽空、為穀熟年豐之象，故為吉兆；日蝕月蝕、為黑暗侵奪光明，故為凶兆。商高宗祭廟，有飛雉升鼎而鳴，以為異事，大臣祖乙誡以苟能順德，天必佑之，徒憑厚祭求福於神，無益也！（尚書、高宗肜日）。武王伐紂，出兵之日，為兵家之忌日，魚辛諫之、不聽，單行途中，遇水漲山崩，霍叔謂為不祥之兆，武王不顧，竟得勝利而歸（荀子儒效篇）。陰陽之說，自古有之，惟鄒衍以前無陰陽家之名稱而已，其學說之宗旨在儆人自省，誡人處事謹慎，勿違天道；聖明之君「以義制事，以禮制心」，自有準則，故不重視其說，然其說對於一般人則不無影響之力。商朝箕子曾傳其說，見尚書洪範。

荀子與鄒衍同時，鄒衍弘揚陰陽五行之說，為陰陽家之代表。然陰陽家之學說、並非鄒衍所創，謂創自鄒衍，因而謂洪範為戰國時之作品者，乃考據家之說。鄒衍見當時列國之君，淫侈而不尚德（孟荀列傳），思有以糾正之，起初以儒術說世主（鹽鐵論論儒篇），不見用，於是乃順世主功利幻想之心理，以陰陽神異之說取得時君之信仰；衍乃博學之士，深觀陰陽消息，作變化始終之論，謂五行之德、迭相轉變，朝代之更替隨之而各有所應，如夏朝以木德王，周朝以火德王，皆有符瑞朕兆以作徵驗，在冥冥之中有天命支配。就時間而言，講天地剖判以來，而推至於宇宙未生之前；就空間而言，由中國九州之地而推至海外人所未至之境。其言論閎博，由小而大，由近而遠，逐步進入玄妙，當時有「談天衍」之稱，其談天之旨在使時君效法天道。又善作變化之術，能使寒谷生黍（劉向別錄）

；又有「重道延命方」，講延年益壽之術（漢書劉向傳）；一時大得時君之崇信，梁惠王、平原君皆尊禮之，燕昭王奉之為師。而鄒子之目的、在以禨祥禍福之說警惕時君，使之去淫侈、而歸於仁義節儉（孟荀列傳）。王公大人既崇其說，故易流行於民間，於是神道之說復興，結果對於鄒子立言之目的生效甚少，而發生之副作用則較大，使人「牽於禁忌，泥於小數，舍人事而任鬼神」（漢書藝文志）。孟荀列傳云「荀卿嫉濁世之政，亡國亂君相屬，不遂大道，而營於巫祝、信禨祥」。荀子之天論、乃由此而作。

在孔孟之思想中，天道為自然之勢、當然之理；雖尊嚴而不可犯，然非古昔「神性」之天，惟孔孟皆不好談天道問題，故論語孟子書中，雖因人事偶而提及天道，然所述亦甚簡略。荀子為駁斥陰陽家神道之說，破除世人之迷信，乃作天論、為專題之論究，其思想未逾孔孟之原則，惟其言論較為詳明耳。略述其言如下：

天為自然之理——「列星隨旋，日月遞炤，四時代御，陰陽大化，風雨博施，萬物各得其和以生，各得其養以成，不見其事而見其功，夫是之謂神。皆知其所以成，莫知其無形，夫是之謂天；唯聖人為不求知天。」（天論。以下凡引天論之語，不再加注）。在日月輪轉，春秋代序，陰陽變化，風散雨潤之中，萬物各得其適當之條件以生，各得其育養之條件以成。不見其如何生，不見其如何成，奧秘莫測，此之謂神。皆知其必藉相當之條件而生，而不知其無形之生命何以構成，此之謂天功。「不為而成，不求而得，夫是之謂天職」。不見其如何造作，而萬物以成；一切有生之物，其分內所當有之條件，不須追求而自然得到，如魚能浮水，鳥能騰空，皆自然而然，使萬物皆如實以現，此卽天之職務。就人類而言，「形具而神生，好惡喜怒哀樂藏焉，夫是之謂天情」。耳目口鼻各有其接洽外物之功用，「夫是之謂天官」。心居中，虛靈敏慧，總理全體，「夫是之謂天君」。裁成其他物類，以養本身，如衣食住行、養生之道，皆有天然之原則，「夫是之謂天養」。能順乎人類之生理以自養者，謂之福，反之則致禍，「夫是之謂天政」。天之政令不可違也。——總之、凡一切自然而然之事，自然而然之理，人所必需遵從，人所不能改變者、卽謂之天。

天道有常、而無意志——「天行有常，不爲堯存，不爲桀亡。應之以治則吉，應之以亂則凶」。天地爲一大自然，其一切現象，一切變化，皆有其自然而然之常法，不因人之好惡而有所改變，故「天不爲人之惡寒也輟多，地不爲人之惡遼遠也輟廣」。亦非厚於善人而薄於惡人，堯舜之治天下，乃自成其功；桀紂之失天下，乃自取滅亡，所以「強本而節用，則天不能貧；養備而動時，則天不能病；修道而不貳，則天不能禍」。此與孟子所說「周于利者，凶年不能殺；周于德者，邪世不能亂」同義，（盡心篇）。禹桀所戴之天同也，所履之地同也，所歷之四時亦同也，然而「禹以治，桀以亂」，治亂無關於天地四時，在乎人之所爲。——人生在天地之間，不能違悖天道，天道卽自然之理，如春耕夏耘秋收多藏，人能順乎天道之自然而行事，則得福，反之、如不耕耘、則無收穫，是自致禍也；天對人無意志，禍福乃人自致之也。

人當利用天道、自求多福——天地爲萬物之總體，天道卽萬物生存之道，萬物皆利用天道以生，人為萬物之一，且為萬物之靈，不可自卑，各當發揮智靈，利用天道，充實人生，故曰「大天而思之，孰與物畜而制之」？對於天只是尊敬而思慕其神秘，豈若以之視同萬物、可以畜養之，可以制裁之，例如寡則求其多，多則求其精。「從天而頌之，孰與制天命而用之」？服從天而頌美之，豈若制裁天命而利用之？例如貧而求富，富而好施。「望時而待之，孰與應時而使之」？期望年豐，苦心盼待，不如應時耕種，使時不虛度，自有收穫。「因物而多之，孰與騁能而化之」？就物之本然而增多其量，豈若運用智能而變化之，如近世之改良種子，化驗物質，可使物質美、品類多。「思物而物之，孰與理物而勿失之」？思得某物以為己物，然只在得之而已，不能盡物之用，如貪愛金錢之人，家藏萬貫，甘作一守財奴而已，不能理其財而善用之；冒充斯文愛好書籍之人，家藏萬卷，甘作一老書僮而已，不能讀一經、不能通一義。物失其用，豈不等於廢物哉？「願於物之所以生，孰與有物之所以成」？魚何以非水不活？蠶何以非桑不食？願知其所以然，徒勞苦思，而無所用；銑鐵煉而成綱，海水曬而成鹽，物之所以成，皆有顯明之理可以研究，此人所當致力者也。——故棄人所能為之事，而用心於不可知之天道，則誤卻實用之事矣。

災異之事、無關治亂——或問「星墜木鳴，國人皆恐，是何也」？曰：此與人事無何關係；此乃天地之變動，陰陽之化生，而現出罕見之事物，可怪而不可畏。日月有蝕，風雨不時，或怪星出現，是每世皆有之事，苟在位者賢明、而政治清平，則雖災異並起，無傷也；苟在位者昏闇，而政治險惡，則雖無災異，亦無益也。故陰陽家所說之災異妖孽，不足畏也。而可畏者則為人祆，何謂人祆？不致力稼穡，使田畝荒穢，米貴人飢，路有死人，此之謂人祆。政險失民，政令不明，舉措不時，本事不理，此之謂人祆。禮義不修，內外無別，男女淫亂，父子相疑，上下乖離，寇難並至，此之謂人祆。此三種人祆，顯而易知，然而爲害甚慘。既有人祆，而同時又有馬牛相生，異事出現，則異事雖可怪，而依然不可畏，可畏者乃在人祆。故怪異之事，經書所不載，以其爲「無用之辯，不急之察」也。

祈禱之事、乃禮文之點綴——「雩而雨、何也」？曰「無何也，猶不雩而雨也。日月食而救也，天旱而雩，卜筮然後決大事，非以爲得求也，以文之也。故君子以爲文，而百姓以爲神。以爲文則吉，以爲神則凶也」。——雩爲祈雨之祭名。天無意志，天若不雨，祭禱祈求亦無用；雩而雨，乃偶合之事，非天有意施惠於人，與不雩而雨同。古人以日蝕爲光明被黑暗所吞沒，故作拯救之儀式，如左傳莊公二十五年六月日食，擊鼓祭禱於社。穀梁傳云「天子救日，置五麾，陳五兵、五鼓」。凡救日祈雨、種種祭祀，皆爲循古昔所傳之禮俗，順民情、慰人心，作禮文之點綴，詩意之發抒而已，故曰「君子以爲文，百姓以爲神」。以爲文則有意義，以爲神則流爲淫祀，「舍人事而任鬼神」、故凶也。

知天、與不求知天——「聖人清其天君，正其天官，備其天養，順其天正，養其天情，以全其天功。如是、則知其所爲，知其所不爲矣；則天地官而萬物役矣。其行曲治，其養曲適，其生不傷，夫是之謂知天」。聖人寡欲，心志清明，聲色玩好不能迷其耳目。勤儉務本，故無困窘；順生理之自然，不營奇異之享樂；心平氣和，不任七情衝動；凡天所賦予之人生條件，皆順乎自然而成其完美。如此、則知人所當爲者爲經常實事；所不當爲者爲索隱行怪；如此、則可以任天地而役萬物，故其所行之事，能曲盡其治；其奉養之事，能曲盡其適；不悖於理，故其生不傷，此之謂知天。

「所志（知也、下三句同）於天者，已（以也、下三句同）其見象之可以期者矣。所志於地者，以其見宜之可以息者矣。所志於四時者，已其見數之可以事者矣。所志於陰陽者，已其見知之可以治者矣」。所知於天者，爲見其現象可以期其必然之事，如月暈而風，礎潤而雨是也。所知於地者，爲見其土壤各有適宜於所生之物，如沙地宜種花生，水田宜種荸薺是也。所知於四時者，爲見其期數之中、各有應爲之事，如春耕夏耨秋收冬藏是也。所知於陰陽者，爲見其寒燠相節、剛柔相濟，乃知治世之道須寬嚴兼施、賞罰並重是也。天道爲自然之理，必然之事，其於人生實際有關者，皆當知之，故曰「善言天者，必有徵於人」（性惡篇），明天道，有驗於人生之事實，故「萬物得宜，事變得應，上得天時，下得地利，中得人和」（富國篇），故人不可不知天。

荀子既言知天之重要，又云「唯聖人爲不求知天」。其所謂不求知者、非不欲知，乃以天地有不可知之事，故不必求知，求亦不能知也，如萬物之所以生所以成，「不見其事，而見其功」，無形中之一切變化，無象可尋，無迹可察，本不可知，何能求知？卽有形之事物，無論大小，亦多不可知者，滄海桑田何因致成？酷暑大寒何處而來？水何以必潤下？火何以必炎上？松何以耐寒？竹何以中空？此皆不可致詰者也，卽強爲解說，在荀子亦以爲此乃「無用之辯，不急之察」，「故君子敬其在己者，不慕其在天者」。君子只重視人所能爲之事，「強本而節用，則天不能貧；養備而動時，則天不能病；修道而不貳，則天不能禍」。「天有其時，地有其財，人有其治，夫是之謂能參」。人能治天時地財而善用之，以盡人生之道，此可謂與天地並列而爲三矣。至若日月有蝕，救之何益？怪星出現，究爲何因？空作遐想，直等於杞人憂天，是「大巧在所不爲，大智在所不慮」者也。故妖異鬼神、無徵於人事者，知之無益，荀子所謂不求知天者、此也。

天命——天爲天然之事，命亦爲天然之事。天、總括宇宙之一切而言，命、則專指人之生命或命運而言。孔子云「五十而知天命」，天命二字，可以合稱，亦可以單稱，如「天之未喪斯文也」，「不知命無以爲君子也」（論語：子罕堯曰）。孟子云「吾之不遇魯侯、天也」，「知命者、不立乎巖牆之下」（梁惠王、盡心）。單稱天、或單稱命，皆爲同義。今只就「命」而言：命爲人生天然固定之條件，人之智愚、美醜，爲先天固定之條件；人之環境、遭遇，爲後天構成之條件；皆稱之曰命。命之含義、猶如命令一般，人之生死貧富，有先天之條件所定者，亦有爲後天之條件所限者，凡非人力所可如何者，卽曰命。莊子云「知其不可奈何，而安之若命。」（人間世）安命與知命相通，不知命則不能安命，儒道兩家，對於命之定義，所言相同；與陰陽家按人之生辰或形貌，以推斷人生命運者、不同；墨子之非命篇、荀子之非相篇，皆反對陰陽之說者也。

荀子云「死生者、命也」（宥坐篇），生乃天賦，有生必有死，在人生之過程中有必然之趨勢，皆受命之支配，非私心所能作主。人誰不好生？然而在亂世難關之中，束手無策，只有聽天由命；人誰願趨死？然而身爲將帥，冒礮火以應大敵，亦只得置生死於度外，聽命運之安排。又云「節遇謂之命」（正名篇），節、時也，時機遭遇、謂之命；賢才淪於草野，鄙夫得登臺閣，元惡大憝得遂富貴之願，守義之人反罹无妄之災，故曰「雖有賢聖，適不遇世，孰知之」？（成相篇），「君子博學深謀，不遇時者、多矣」！（宥坐篇），既知命爲非人力所能左右之事，則當安命，故曰「知命者不怨天」（榮辱篇），怨天有何益？徒自尋煩惱耳；不怨天，而求之於己，始能奮發自勵，不絕未來之希望。

結語

神性之天道觀，自然之天道觀，自古傳至於今，有人謂：儒家學說自荀子始解除神性之天道、而轉入自然之天道；此言差矣！前在孔孟之天論中已說明，自古有人不相信神道，至今亦有人相信神道，繫辭云「天垂象、見吉凶」，昔人見天道反常，便提出警告、謂此乃天示儆於人，意在使人肅身戒愼，似乎以天爲有意志，然而亦有不以爲然者，此不在知識之高低，如小雅「正月繁霜，我心憂傷」，其正月爲夏曆四月，夏日繁霜，傷害禾稼，不必謂之凶兆，顯然直爲凶事，詩人作此詩以寫憂思，謂「有皇上帝，伊誰云憎」，上帝憎恨何人而降此災害？又謂「民今方殆，視天夢夢」，在此危難之時，一般人仍不自省，而視天爲不別善惡，夢夢無知。又、「十月之交，朔日辛卯，日有食之」，古俗以日食爲告凶，然而詩云「下民之孽，匪降自天，噂沓背憎，職競由人」；言而今亂世之苦難，非天所降，乃人類言行雜亂，暗中競相憎害，自造災孽，與日蝕無關也。此皆言天道自然而無意志，此在西周之時，民間對天，已有如此觀念。

荀子尊孔子之學，當然不講神道，而且反對陰陽家天地鬼神、災異禨祥之說，不但擯斥世人畏天之思想，而且以人與天並列，如中庸所謂「與天地參矣」。進而謂「天有其時，地有其財，人有其治」，天地只是自然之物而已，人有治天地之道，天地為人所利用，故當「制天而用之」，「應時而使之」，「騁能而化之」，將天地視為物質，視為被動之物，完全由人之制裁而利用；若就此義徑直向前發展，可能開出物質科學之路，然而中國哲學、向來偏重人事問題，而不重視物質問題，荀子亦不例外，其謂天時地財為人所利用之物，亦只在破除天地鬼神之說，並未說出考驗物理之實在、以徵鬼神之虛無，故其所言利用天地，亦只是見天象之所可期者，見地利之所能生者，純為表面之自然常識，亦卽自古皆知之事。其所謂不必「大天而思之」，「不慕其在天者」，只謂不必思慕神性之天；若眞將天地視為物質，為人所制裁利用，而將思慕之力用於物質實用問題，則卽可發現物理而引出物質科學思想；然荀子無意於此，儒家學問之宗旨亦不在此。孟子謂「天之高也，星辰之遠也，苟求其故，千歲之日至，可坐而致也」（離婁下）。此乃天文曆法專門之學，孟子亦知其重要，然而孟子不作天文家，而欲「守先生之道，以待後之學者」（滕文公下）。中國先哲總以為人生之重大問題、在乎人事而不在乎物質，「天作孽、猶可違，自作孽、不可活」，天災不若人禍之可畏，故專注重倫理道德之發揚。荀子為嫉濁世之政、亂國之君，乃著書立說，故其學說以禮為中心，凡修身齊家治國平天下、皆必以禮為本。因時君「不遂大道，而營於巫祝禨祥」，故作天論以正之；天論亦歸本於禮，曰「人之命在天，國之命在禮，君人者能隆禮尊賢而王」。人類生死壽夭之命運，有天然條件之限制，非人力所能自主。國家治亂之命運，則在乎上下有禮無禮，有禮則治，無禮則亂，此乃人爲之因素，故國君崇尙禮法，尊賢任能，則政治清明，國運昌隆，可得萬民之擁戴而王天下，禮之功用大矣！

四、禮論

禮由仁義而生

論語所載孔子言禮，除卻重複者、有三十二條之多，然孔子講道以仁爲本，由父慈子孝自然之仁心，擴充而至於社會人羣之博愛，愛卽善心，故孔子曰「苟志於仁矣，無惡也」（里仁篇）。「仁者愛人」，出於良心之自動自發，愛人則不作惡，故孔子以仁爲諸德之本。然愛人則不但以消極態度不作惡而已也，更當進而以積極精神作善事以利人，因而又須提出「義」字；義者、事之宜也，義爲當然之理，作事恰當卽爲義，過與不及皆爲不恰當，不恰當卽爲不善，故義包括「善」，大雅文王篇「宣昭義問（聞）」，朱注謂：文王之德「布明其善譽於天下」，俗稱善事曰義擧，所謂急公好義，慷慨義氣，皆爲善之表現。

義由仁心而發，故禮運云「仁者義之本也」，仁心要處事合理，實現合理之事、便爲義。管子戒篇云「仁從中出，義從外作」，仁自內心而生，故曰中出；義因外在之事以爲斷，故曰外作；墨子經說下、亦有「仁內義外」之說；此所謂「義外」、並非謂心內無義而義自外來，乃謂義由外在之行事而顯現。戰國亂世，孟子發揚孔子之學，提出性善之說，謂：惻隱之心人皆有之，惻隱之心仁也；謂人人皆有仁心，以鼓勵人生向善。仁心表現於行事即爲義，故曰「仁人心也，義人路也」（告子篇）。徒有仁心不忍作惡，當有義行以快仁心，故孟子仁義並舉。義爲由內而外之表現，非如告子所云「仁內義外」、認爲心理完全受外物之支配。孟子爲恐將心與行分而爲二，內外隔閡，以致思想與行爲分歧；並非忽視外在客觀之事理，只聽主觀之臆斷。蓋人同此心，心同此理，仁心所指示之行爲，必不與外在客觀之事理相悖，不悖事理，處事得當，即爲義，故曰「仁義禮智非由外鑠我也，我固有之也」。若謂義在心外，則將盲從附和，苟同於人以決是非，於是則不協於義而流爲失禮，故孟子反對告子義外之說。養善性、存仁心，言行必合於義，此之謂明禮之人，此孟子仁義學說之宗旨。

禮與義相通，禮者、理也，義爲處事合理，禮爲由合理之原則而制定一切事物之規範，令人對于一切事皆有一定之準則。據文字學解釋「禮、履也」，謂實踐而履行也。禮即爲實際行爲之表現，行爲必須合理，始可稱爲禮，文心雕龍宗經篇云「禮以立體，據事制範，章條纖曲，執而後顯」。體指事體而言，凡一切事皆當立合理之制度，如國體政體等是。據事實以制型範，則事事皆有規則可守，如儀禮所定冠、昏、聘、覲種種禮法，凡設備動作、皆有詳細之規定，此詳細之規則在乎執行，並非空談儀文便爲禮也。是以禮之實行，只看外在之規範，合乎規範便爲合理。孔子曰「君子義以爲質，禮以行之」（衞靈公篇），禮之表現，即爲義之實行也。

荀子見亂世小人道長，君子道消，舉目斯世，惡事紛雜，故謂人之性惡，欲變惡為善，必須受「師法之化，禮義之道」（性惡篇），師法用禮義之道以化人，若必欲使人心自省、善性自發，此乃少數賢智之人所能接受，多數衆人，在此舉世昏亂之中，實難幡然覺悟，故不講「盡心知性」之深奧功用，只提出顯明之禮法，使人人有規範可循，不違乎禮，即可矣。

禮之起源及其要義

荀子謂：禮之最初起源有三項根本，禮論云「禮有三本：天地者，生之本也；先祖者，類之本也；君師者，治之本也。無天地，惡生？無先祖，惡出？無君師，惡治？三者偏無，則無安人。故禮、上事天，下事地，尊先祖而隆君師，是禮之三本也」。（以下所引，凡未注明篇名者，皆出自禮論）。此所謂事天事地、即祀天祀地。按文字學解釋，禮字從示從豊，示為天垂象以示人，指神道而言，豊、象形為祭器中有豐盛之禮品，故說文云「禮、履也，所以祀神致福也」。可知禮之名最初起於祀神。無天地則無萬物，無先祖則無人類，無君師則無政教。此三者為人類生命之本，人當感激尊敬，故對天地祖先、用祭祀以致誠；對君師、用恭敬順從以達意；此禮之最初起因也。

感激天地祖先君師之德，良心圖報，盡禮致敬，方覺合禮，方覺心安，故引申此義，凡一切事皆求合理，即謂之禮，荀子復進一層講禮之起原云：

「禮起於何也？曰：人生而有欲，欲而不得，則不能無求，求而無度量分界，則不能不爭。爭則亂，亂則窮。先王惡其亂也，故制禮義以分之，以養人之欲，給人之求。使欲必不窮乎物，物必不屈於欲，兩者相持而長，是禮之所起也」。

「離居不相待（助）則窮，羣而無分則爭。窮者患也，爭者禍也；救患除禍，則莫若明分使羣矣。強脅弱也，智懼愚也，下違上，少陵長，不以德爲政；如是、則老弱有失養之憂，而壯者有分爭之禍矣。事業（義務）所惡也，功利所好也，職業無分，如是、則人有樹私之患，而有爭功之禍矣。男女之合，夫婦之分，婚姻聘納送逆無禮，如是、則人有失合之憂，而有爭色之禍矣。故智者爲之分也。」—（富國篇）

荀子以人之性惡，惡性由欲性而生，故其論禮之起因，亦由性惡問題發起，謂人因私欲而起爭端，故先王制禮以定其分界，欲使人各守其分而免於爭。然「欲」所以養生，人不能無欲，故制禮以養人之欲，使欲之所求適可而止，不可縱欲無度，窮盡物質之享受，如此、而物亦足供人之所需，不至因奢侈消耗而陷於枯竭，兩者斟酌配合，使「欲」不受困窘，使「物」不致匱乏，如此、則生活無虞，社會安定，此先王制禮之本旨。

以上所述禮之制定、爲「分」與「養」兩大問題，所謂「分」、首在是非之分，邪正之辨，其言云：

「禮之理誠深矣，堅白異同之察、入焉而溺；其理誠大矣，擅作典制辟陋之說、入焉而喪；其理誠高矣，暴慢恣睢輕俗以爲高之屬、入焉而墜。故繩墨誠陳矣則不可欺以曲直；衡誠懸矣，則不可欺以輕重；規矩誠設矣，則不可欺以方圓；君子審於禮，則不可欺以詐僞。故繩者直之至，衡者平之至，規矩者方圓之至，禮者人道之極也」。

禮爲人道之標準，猶繩墨之於曲直，規矩之於方圓，任何詖辭乖行，苟衡之以禮，則邪正曲直自分，強辭詭辯決不能勝禮，此「分」之大者也。

所謂「養」，固然不能離衣食口體之養，然人只知重衣食口體之養，而無禮以節之，則必至於爭，必至於亂，事事不違乎禮，方能善得所養，其言云：

「孰知夫出死要節之所以養生也！孰知夫出費用之所以養財也！孰知夫恭敬辭讓之所以養安也！孰知夫禮義文理之所以養情也！故人苟生之爲見，若者必死；苟利之爲見，若者必害；苟怠惰偸懦之爲安，若者必危；苟情悅之爲樂，若者必滅。故人一之於禮義，則兩得之矣；一之於情性，則兩喪之矣」。

孟子云「志士不忘在溝壑，勇士不忘喪其元」（萬章篇）。亘奸強寇，悖禮犯義以求生存，適所以自趨死路。志士以身備道，執禮行義，守死善道以立名節，深知自古人生皆有死，死得其所，雖死猶生，故曰此即「所以養生也」！富而仁慈，肯出費用以濟貧苦，乃正所以養財也！恭敬辭讓不與人爭，乃正所以養安也！以禮義條理約束欲性，乃正所以養性情也！人苟只知貪生而不怕違禮，適所以尋死；人苟只知貪利而不顧違禮，適所以取害；遇公衆之大敵，公衆之災患，不肯協力抵禦，而苟且偸安，則必至於危；只以放縱情欲爲樂，聲色玩好，迷心亂性，無所不爲，則必至於毀滅。若能一切統之以禮，則欲之所需、禮之所是，兩得其當；若一切專從情性，而人之性惡，任性爲惡，則悖禮危身，兩失之矣。

荀子云「君子既得其養，又好其別，曷謂別？曰：「貴賤有等，長幼有差，貧富輕重、皆有稱者也」。此言社會既有禮法，人人皆得其養。而養生之物質享受，亦有貴賤長幼貧富分位之別。又謂：諸侯大夫立宗廟，「特手而食者，不得立宗廟，所以別積（績）厚者流澤廣，積薄者流澤狹也」。

以上兩段話，必爲今世唱民主平等之口號者所非議，謂此乃封建專制之禮法。——夫民主平等之說，固爲衆人所喜愛；古今之時代不同，君主政體之理論、與民主政體之理論、固不相合，然今世社會經濟之不平等，較古尤甚；荀子所言生活有等差，各與身分相稱，恐永不能變矣！試問而今無貴賤長幼貧富之階級乎？貴賤貧富之享受不同，自不必言，而長幼之階級亦不能變，父母以優美之食品餔幼兒，子女以優美之食品奉父母，此種父慈子孝之情，出自天然，父母於幼兒，子女於父母，此兩種階級之享受，自然不同；卽富貴之家、其長幼之享受亦未必完全平等。而且自古社會有養老育幼之慈善機關，老與幼皆受優待，與壯年階級之生活不平等，此人情所不能反對者也。又且長官與下吏之待遇不平等，工程師與工人之所得不平等，因而其享受亦自然不平等；然則能用強制手段使之平等乎？卽強制使長官與下吏之待遇平等，使工程師與工人之所得平等，可謂眞平等乎？至若立德立功於世，流澤廣遠者，古時立廟祭祀，而今立銅像紀念，其義一也。而今發明家所創造之器物，有專利十年之特權，如有人仿造，便受法律處分，此亦可謂專制不平等乎？故荀子所謂貴賤長幼貧富皆得其所養，而皆當稱其身分、各有差別者，乃自然之事也。

以上所述「禮爲人道之極」，人旣善得其養，則生活無虞；善守其分，則社會安寧。禮之大體已定，於是再講禮之儀文：

一、**養生送死之禮**：曰「禮者、謹於治生死者也。生、人之始也，死、人之終也；終始俱善，人道畢矣。故君子敬始而愼終，終始如一，是君子之道，禮義之文也。夫厚其生而薄其死，是敬其有知而慢其無知也，是姦人之道而背叛之心也」。蓋謂：父母生時、當事之以禮，孝養無虧；父母旣歿、亦不可以爲人死無知，而遂恝然無情，故曰「一朝而喪其嚴親，而所以送喪之者不哀不敬，則嫌於禽獸矣，君子恥之」。然「禮者、斷長續短，損有餘，益不足，達愛敬之文，而滋成行義之美者也」。養生送死，於財用方面，當稱家之有無，無過與不及；而哀敬亦不可有過與不及；故哭泣哀戚不可傷生，「相高以毀瘠，是姦人之道也，非禮義之文也，非孝子之情也」。荀子禮論篇、對於喪葬之禮文言之頗詳，其中繁文細節，因時而異，不宜泥拘，然其大意、古今人情所不能違也。

二、**祭禮**：曰「祭者、志意思慕之情也」。人有感情，飲水思源，感恩追念，有所表示，於心方安，因此乃有祭禮，「故先王案爲之立文，尊尊親親之義至矣。故曰：祭者、志意思慕之情也，忠信愛敬之至矣，禮節文貌之盛矣，苟非聖人，莫之能知也。聖人明知之，士君子安行之，官人以爲守，百姓以成俗。其在君子，以爲人道也；其在百姓，以爲鬼神也」。祭者「事死如事生，事亡如事存，狀乎無形影，然而成文」。祭禮爲人道之節文，足以厚人情而慰人心，是祭之本義也。

三、禮文之總則：曰「禮者、以財物爲用，以貴賤爲文，以多少爲異，以隆殺爲要」。凡祭祀、貢獻、饋贈，皆用禮物以達意，然則是否禮物重者即爲禮重？禮物輕者即爲禮輕？曰不然也！禮以敬爲主，若以禮物爲主，豈非富人多禮、貧人少禮，故禮法規定，「貧者不以貨財爲禮」（曲禮），只要盡其誠敬、即爲禮。檀弓云「有勿過禮」，富人若禮物過重，而別有用意，便爲失禮。貴賤以地位階級而言，古之公卿大夫，車服文飾，皆有等級，如今之學位服冕、及文武官員所佩之勳章等是。多少異制，所以別上下，禮有以多爲貴者，如天子之樂隊八佾，諸侯之樂隊六佾是也；禮有以少爲貴者，如祭時所乘之大輅，其馬之裝飾簡樸，只繫一纓；次輅服雜務之車，其馬之裝飾五纓或七纓是也。隆殺指禮文之增減而言，如父母之喪服三年，兄弟之喪服一年是也。凡禮文皆爲順人情、而增益其事之完美，故曰「凡禮、事生飾歡也，送死飾哀也，祭祀飾敬也，師旅飾威也，是百王之所同，古今之所一也」。

荀子禮論篇所述禮之要義如上。然禮之要義，不盡在禮論篇中，「禮者、理之不可易者也」（樂論篇）：一切事理，皆可以禮括之。古諺云「王道不離乎人情」，故荀子云「禮以順人心爲本，故亡於禮經而順人心者，皆禮也」（大略篇）。凡違悖人情之事，即爲不合理，禮經所載之文，只爲禮之原則，世事日繁，禮經未載之章條，只要順乎人心，即合於禮，故禮運云「禮者、義之實也，協諸義而協，則禮雖先王未之有，可以義起也」。義爲人心之所同然，人必須以義制事，凡事與義相對照，只要契合於義，則雖先王未制之禮，禮經未載之文，吾人可依據義之法則而創造之。大而治國平天下，小而立身處世，荀子一概約之以禮，曰「禮者、法之大分，類（事也、例也，）之綱紀也」（勸學篇）。

禮與義

由仁而義，由義而禮，禮爲仁之實現。荀子主張直接由禮作起，能實行禮、即爲實行仁，故其禮論篇竟未談到仁，其他各篇、雖偶而言及仁字，如君道篇謂「行義塞於天地之間，仁智之極也」，議兵篇謂「仁人之兵不可詐也，彼可詐者、怠慢者也」，亦皆以禮括仁，大略篇云「君子處仁以義，然後仁也；行義以禮，然後義也，制禮反本成末，然後禮也」。仁爲諸德之本，以義行仁，以禮行義，禮之實行，歸本於仁道，而且非禮勿言，非禮勿動，一言一動之細枝末節，皆有矩度、方可爲禮。

孔孟所講之仁義，皆由內心自省、自發，誠於中形於外，以現仁義之行。然內心之自發，若無表現，不見於行事，何以顯仁？義者、事之宜也，處事合宜，人所共覩，即爲仁心之表現，因此，故有仁內義外之說；仁與不仁，看其是否行義以爲斷。仁爲義之本，義爲禮之本，「義以爲質，禮以行之」（論語衞靈公篇），故荀子每以禮義合稱，謂「禮義者、治之始也」（王制篇），「養生安樂者，莫大乎禮義」（彊國篇），「禮及身而行修，義及國而政明」（致士篇）。凡言「義」即爲禮中之義，凡言「禮」義亦涵括其中，其對義之說明云：

「夫義者、所以限禁人之爲惡與姦者也。……夫義者、內節於人而外節於萬物者也；上安於主而下調於民者也；內外上下節者，義之情也。然則凡爲天下之要，義爲本。」（彊國篇）

此爲義之說明，而亦可謂禮之說明。謂治天下之要、義爲本，又謂「國之命在禮」（彊國篇），義與禮二而一也。「仁」爲諸德之源，當然爲荀子所重，荀子以義與禮並稱，全書中以禮爲主，又作禮之專論，而未作仁義之專論，何也？以禮爲仁義之實現，能實行禮、卽足矣。謂「將原先王，本仁義，則禮正其經緯蹊徑也」（勸學篇）；謂禮者「滋成行義之美者也」（禮論）；謂禮「成乎文，終乎悅校（恔）」（禮論）。禮爲仁義之經緯道路，禮能益成義行之美，禮不但實現仁義而已，而且一事有一事之儀文，使人心感到圓滿而怡快，如此、則仁爲諸德之源，而禮爲諸德之果，故荀子以禮總括仁義。

禮與法

易繫辭上云「制而用之，謂之法」，疏「聖人裁制其物而施用之，垂爲模範，故曰法」。聖人對於事物、作適當之裁制，而付諸實行，其所實行有明確之規則，可以作爲模範，故曰法。此包括一切事物之法則而言。易蒙卦云「利用刑人，以正法也」。大禹謨云「刑期於無刑」，執行刑罰，意在使人不敢犯罪，以免於刑。自商朝「刑人於市，與衆棄之」（禮、王制），於人多之處斬殺罪人，一面表示犯罪之人爲衆人所棄絕，一面昭示罪人必受刑罰制裁，以儆效尤，所以說利用受刑之人以正國法，使衆人皆知法不可犯；此法卽政治中法律之法。刑罰在盛治之世亦不能廢，先王主張以德化民，必不得已而始用之，及至春秋以後，主張以德化民者爲儒家，主張以法治民者爲法家，其實原始之法，以輔道德，與申商之純恃法治不同。管子對於道德與法律之關係，有明白之解釋，其所謂「道」、見於宙合、樞言等篇，指聖人爲政之道而言；聖人爲政，效法天道之於萬物，公正無私，「愛之利之，益之安之，四者道之出，帝王用之，而天下治矣」（樞言），由道而德以至於法，管子之言云：

「德者、道之舍，物得以生，生知得以職道之精；故德者得也，得也者、其謂所得以然也，以無爲之謂道，舍之之謂德；故道之與德無間，故言之者不別也。……義者、謂各處其宜也，禮者、因人之情，緣義之理，而爲之節文者也。故禮者、謂有理也；理也者、明分以諭義之意也。故禮出乎義，義出乎理，理因乎宜者也。法者、所以同出不得不然者也，故殺僇禁誅以一之也。故事督乎法，法出乎權，權出乎道。道也者、動而不見其形，施不見其德，萬物皆以得，然莫知其極，故曰可以安而不可說也。」（心術上）

管子所謂道德，卽治民者效法天道愛之利之之德，此卽孔子所主張之仁。仁由內心而發，現之於外爲義爲禮。管子先於荀子，主張直接由禮作起，謂「仁從中來，義從外作」（戒篇），蓋以人心叵測，只要作到禮義現於事實卽可矣，謂「禮出乎義，義出乎理」，由禮而演出法。荀子亦謂「義、理也」，「禮也者、理之不可易者也」（大略、樂論），「禮者、法之大分（本），類之綱紀也」（勸學）

。由仁而義，由義而禮，禮為義所實現明確之規範，雖有層次之別，其實一也；故管子荀子皆重禮義，禮為事之規範，規範則有一定之法則，因而由禮演出法，荀子與管子之思路相同，主張亦相同。

法由禮而演出，管子云：法與禮（理）同出，「不得不然者也」。禮為事之規範，不可違犯，孔子主張當「齊之以禮」，齊、治也，為整齊畫一而不紊亂之意，言使人人皆守此規範，而無越軌之行為也。然如何齊之？此有不得不然者，凡有關於社會公衆利害之事，一切行止，皆有合理之規定，使人人有所遵循，其桀驁不馴之徒，則用刑罰迫之就範，即所謂「殺僇禁誅以一之」，此即所謂法，故「事督乎法」，即一切繩之以法，法之實行，須賴權勢推動，故曰「法出乎權」。權、為秤錘，以喻有鎮壓之力，主持公平，負公平之責，故曰「權出乎道」。「事督乎法」，法有嚴格之義，有強制執行之權作後盾。管子明法解云「法者天下之程式也，萬事之儀表也」，荀子致士篇云「程者、物之準也，禮者、節之準也」，君道篇云「法者、治之端也」。法為事物之準則，「所以決嫌疑而明是非也」（管子禁藏篇），一切事、有法為準，則事事皆有定律、而不紛歧，公平合理、而無異議。因此、乃有法律之名目，管子對法律之解釋云「法者、所以興功禁暴也，律者、所以定分止爭也。」（七臣七主篇）。

法有嚴格性質，有硬性規定，荀子與管子所言之法同義。管子雖為早期法家，主張法治，而其執法之意，仍在維護道德，故以禮義廉恥為國之四維，謂「四維不張，國乃滅亡」（牧民篇）。荀子當亂世，亦審知法之重要，而謂法必以禮為本，其言云：

「禮義生而制法度」（性惡篇）——有禮義而後有法度。

「禮者、法之大分，類之綱紀。」（勸學篇）——禮爲法之大本，事之綱紀。

「隆禮至法，則國有常。」（君道篇）——崇尚禮、始能推行法，所謂有禮有法，國有常度。

「禮節修乎朝，法則度量正乎官。」（儒效篇）——朝廷崇禮，則官吏守法。

「其百吏好法，其期廷隆禮。」（富國篇）——其官吏守法，卽其朝廷崇禮之故。

「人君者、隆禮尊賢而王，重法愛民而霸。」（彊國篇）——「夫禮所以整民也」（左傳莊公二十三年），以禮齊民者王，崇尚法治者霸。

「故非禮、是無法也，……故學也者、禮法也」（修身篇）。——不重禮則無法，「不學禮，無以立。」（論語季氏篇）

「禮者、法之樞要也」（王霸篇）。禮爲法之本，爲法之總則，儒效篇以「知通統類」、爲大儒；統者、本也，儒效篇云「統禮義，一制度」，不苟篇云「推禮義之統，分是非之分，總天下之要，治海內之衆，若使一人」。統、指禮義而言，統爲總綱，類爲因事制宜由總綱分類釐定之規則，如富國篇謂「誅賞而不類，則下疑俗儉（險），而百姓不一」，王制篇謂「王者之人，飾動以禮義，聽斷以類」；此「類」皆爲規則之意，亦卽所謂「法」。統可包括類，類不能離乎統，猶如今之憲法可以總括衆法，衆法必須合乎憲法。能明禮自然知法，若知法而不明禮，則對于法之措施易流於機械而失當，故曰「不知法之義，而正法之數者，雖博、臨事必亂」（君道篇）。法之本義卽禮，正、定也，法之數、卽法中之各項條例，不知法之原理，而定法之條例，條例愈多而愈亂；卽老子所云「法令滋彰，盜賊多有」也（五十七章），不知法之本義，只循法之條文以行事，不能因事制宜，不敢有所變通，此乃普通官吏，只能守職取祿者也，故曰「循法則度量刑辟圖籍，不知其義，謹守其數，愼不敢損益也，父子相傳，以持（奉）王公」（榮祿篇）。若夫齊一天下，總理國政，則非大儒莫能爲。大儒「知通統類」，能「以古持今，以一持萬」（儒效篇），「其有法者以法行，無法者以類舉」（王制篇），類、事例也，舉相類之事以爲例，卽所謂以此類推；總之「舉錯應變而不窮，夫是之謂有原」（王制篇）。又云「故械數者、治之流也，非治之原也；君子者、治之原也。官人守數，君子養原，原清則流清，原濁則流濁」（君道篇）。械爲工具，數指法而言，言法爲政治工具，而非政治之本原，本原爲禮義，故曰「禮義者治之始也，君子者禮義之始也」（王制篇），以禮爲統，以法爲類，以禮爲政治之本，以法爲行政之具，此與管子任法爲治，而以四維爲本同道，孔子稱管仲爲仁（論語憲問篇），荀子禮法之主張，早有淵源矣。

禮之功用

「禮也者、理之不可易者也」（樂論）。荀子將一切事皆約之於禮，以禮統轄之，謂「禮者、法之大分，類之綱紀也。故學至乎禮而止矣，夫是之謂道德之極」（勸學篇）。孔子云「不學禮、無以立」，故人必須學禮，學理則事通理達，故「方皇（徬徨、逍遙也）周浹於天下，動無不當」（君道篇）荀子所言禮之功用如下：

一、個人方面：

「禮者、人之所履也，失所履、必顛蹶陷溺」（大略篇）。

「禮者、所以正身也」（修身篇）。

「禮及身而行修」（致士篇）。

「貧窮而不約，富貴而不驕，並遇變而不窮，審之禮也」（君道篇）。

「凡治氣養心之術，莫徑由禮」（修身篇）。

「凡用血氣、志意、智慮，由禮則治通，不由禮則悖亂提僈；飲食、衣服、居處、動靜，由禮則和節，不由禮則觸陷生疾；容貌、態度、進退、趨行，由禮則雅，不由禮則夷固僻違、庸衆而野」（修身篇）。

二、社會方面：

「禮以定倫」（致士篇）。——倫、道也，理也，序也。由人與人相處之理，而制定彼此相對之義，名曰人倫；由人倫而構成之社會秩序，即中國之倫理社會。「人不能無羣，羣而無分則爭，爭則亂；……不可少頃舍禮義之謂也」（王制篇）。

「貴貴、尊尊、賢賢、老老、長長，義之倫也；行之得其節，禮之序也」（大略篇）。

「夫貴為天子，富有天下，是人情之所同欲也；然則從人之欲，則勢不能容，物不能贍也。故先王案爲之制禮義以分之，使有貴賤之等，長幼之差，智愚能不能之分，皆使人載其事而各得其宜，然後使有穀祿多少厚薄之稱，是夫羣居和一之道也」（榮辱篇）。

三、政治方面：

「天地者、生之始也，禮義者、治之始也」（王制篇）。

「禮者、治辨之極也，強國之本也」（議兵篇）。

「人之命在天，國之命在禮」（彊國篇）。

「禮之於正國家也，如權衡之於輕重也；如繩墨之於曲直也；故人無禮則不生，事無禮則不成，國無禮則不寧」（大略篇）。

「隆禮貴義者，其國治；簡禮賤義者，其國亂」（議兵篇）。

「上不隆禮，則兵弱」（富國篇）。

「隆禮至法，則國有常」（君道篇）。

「禮者、政之輓也，爲政不以禮，政不行矣」（大略篇）。

「禮者、其表也（表爲準繩尺度），先王以禮表天下之亂，今廢禮者，是去表也」（大略篇）。

「故修禮者王」（王制篇）。

荀子將事理與德行統之以禮，易言之，禮卽爲人生之道，個人之自治、社會之秩序、政治之功效，三者互相關聯，皆不能外乎禮；三者之目的相同，總之爲謀求人類共存共榮、得到安樂之生活，故曰「

人莫貴乎生，莫樂乎安，所以養生安樂者莫大乎禮義」（彊國篇）。聖人教人達乎至善之境，必須以禮為蹊徑，禮為天理之自然，人事之儀則，聖人之所以為聖人，亦只是「隆禮義」而已，故曰「公輸不能加於繩墨，聖人莫能加於禮」（法行篇）。禮之實現「天地以合，日月以明，四時以序，星辰以行，江河以流，萬物以昌，好惡以節，喜怒以當。以為下則順，以為上則明，萬變不亂，貳之則喪也（貳謂不統一於禮也），禮豈不至矣哉」！（禮論篇）。如此、「天地位焉，萬物育焉」（中庸），禮之功用豈不至矣哉！

結語

禮運云「人藏其心，不可測度也，美惡皆在其心，不見其色也；欲一以窮之，舍禮何以哉」！善惡在心中，外人不得而知，欲一一究其善惡，惟有看其行為是否合禮以為斷，故曰「舍禮何以哉」！以禮評判是非，亦即以行為之表現以定善惡；然善人亦有過失，因過失而判其人為惡，於禮亦欠允當，故禮必順人心而合人情；無心之過，其情可原，其罪從輕；故意為惡，其心可誅，其罪難恕；舜典云「眚災肆赦，怙終賊刑」，因過失而致罪者，為不幸之災，當赦；有所恃而作惡，一犯再犯、終不悔改者，當殺。順天理而合人情，此禮之本義也。

孟子云「有不虞之譽，有求全之毀」（離婁篇）。人心難測，世事多變，蹈白刃者未必毅勇之夫，赴義旗者豈盡忠良之士？事因偶合，小人反得清美之譽；遭遇險釁，君子竟蒙不白之寃；濟世難得圓滿之方，天下永有不平之事。然仍須以禮制事，以求社會之治安。聖人依情據理，而定禮法，「道德仁義，非禮不成；教訓正俗，非禮不備；分爭辨訟，非禮不決」（曲禮）。以禮觀人，以禮行事，是古今不變之常道也。

歷代憂世哲人，每對時弊，苦費心思，以抒其所見，而無權無位，亦只空留立言之功而已。亂世良莠難辨，是非不明，人之惡性，易於泛濫，仁心善性、自動自發，不能期望於衆人，衆人惟有「禮義以爲紀」（禮運），能各守其分，社會卽可趨於安定矣。荀子昌言禮治主義，謂「禮義者、治之始也」（王制篇），衆人不能自治，必賴「師法之化，禮義之道」，「以矯飾人之情性而正之，以擾化人之情性而導之，使皆出於治」（性惡篇），雖云「仁義禮樂，其致一也」（大略篇），四者總歸於治道，皆當尊重，而以亂世，人情險惡，只宜標舉義簡而賅之規範——禮，以納民於軌物。禮自正身以至正國（王制篇云國無禮則不正），因事制宜，一切實施，皆作明確之規定，此卽所謂「法」。法之嚴肅，包括刑罰在內，舜典有「五刑惟服」之訓，諺云「禮治君子，法治小人」，荀子云「由士以上，則必以禮樂節之；衆庶百姓，則必以法數制之」（富國篇）。法雖盛世所不能廢，然而王道重德化而輕刑罰，故孔孟罕言刑罰，荀子不得已而言之，而總之歸本於禮，以禮統法，以禮矯飾人之惡性，仍不失儒家之旨。韓非李斯雖曾受業於荀子，接受性惡之說，然而謂：明主「不道仁義，以法爲教」（韓非子顯學、五蠹），屏棄禮義，主張嚴刑重罰以爲治，則非荀子之教矣！

五、樂論

韶光綺麗，春鳥啼歌；景物淒涼，秋蟲吟曲。而況人爲萬物之靈，睹物興感，即事生情，嘯歌暢懷，發揚蹈厲，伴天籟之音，奏心聲之曲，於焉陶悅性情，此乃出乎自然；故樂記云「夫樂者、樂也；人情之所不能免也，樂必發於聲音，形於動靜，人之道也」；此樂之所由生也。

情動於中，發而爲歌，則藉物擊節以諧音韻；歌情高昂，則繼之以舞蹈，並隨意採取一物，而持之以抑揚揮舞，以助樂趣。遠古之人、「蕢桴土鼓」以爲樂器（禮運），操牛尾以爲舞具（呂氏春秋、古樂篇）。自伏羲時造琴瑟，黃帝時制律呂，此後有專門之樂師，朝野典禮，樂章備焉；金石絲竹，樂器備焉；干戚羽旄，舞具備焉；「樂」已成爲人文中必須有之學問。

樂既出乎自然，爲人情所不能免，然人之好惡無節，樂而忘返，則「滅天理而窮人欲」，於是有「淫佚作亂之事」，爲滿足娛樂之情，反而釀成悲哀之事，此即所謂「樂極生悲」，因此，聖人乃將禮與樂相提並論，使之相輔爲用，論語云「禮之用，和爲貴」（學而篇），「樂」以促導和氣，擴充樂之意義，不僅在音樂歌舞，徒供歡悅而已也；其要旨在乎化導性情，使人心平氣和，輔助禮之行爲，故曰「禮節民心，樂和民聲」，使社會人羣心聲相通，情感交流，雍雍熙熙，和樂無間，故曰「樂者、通倫理者也」，幽雅清平之音，使人「耳目聰明，血氣和平，移風易俗，天下皆寧」。樂以陶養人情，化導羣倫，使歸於禮，故儒家以禮樂爲政教實施之具，「樂至則無怨，禮至則不爭，揖讓而治天下者，禮樂之謂也」。「先王之制禮樂，非以極口腹耳目之欲也，將以教民平好惡，而返人道之正也」，人心和平，歸於正道，故「暴民不作，兵革不施，五刑不用，百姓無患」。禮樂功用達乎此境，其義深遠矣。（以上所引、皆見樂記）。

禮者理也，樂者樂也，「樂極和，禮極順」（樂記），心情和樂則不違禮，言行合理則無所不順，禮樂之功用在將世道人心融化於和順雍穆之風尚中，故其精義極致，不在乎形式，是以孔子閒居篇有所謂「無聲之樂，無體之禮」，「無聲之樂，志氣不違；無體之禮，上下和同」。不違、則無戾氣；和同、則天下一家矣。

儒家論樂之旨，略如上述，其精微之義，詳見於禮記樂記篇。禮記爲孔門後學所記，荀子尊孔子之學，其所著樂論、大致與樂記相似，文句亦多相同，茲略述如下：

先王立樂之宗旨

樂既出乎人情之自然，先王順乎人情而加以化導，使之有節有序，樂而不亂，而且進於美善，既足暢歡娛之情，尤足輔治世之功，荀子樂論云：

「故人不能不樂，樂則不能無形，形而不爲道，則不能無亂。先王惡其亂也，故制雅頌之聲以導之，使其聲足以樂而不流，使其文足以辨而不諰，使其曲直繁省廉肉節奏足以感動人之善心，使夫邪汙之氣無由得接焉，是先王立樂之方也，而墨子非之，奈何！」

「故樂在宗廟之中，君臣上下同聽之，則莫不和敬；閨門之內，父子兄弟同聽之，則莫不和親；鄉里族長之中，長少同聽之，則莫不和順。故樂者、審一以定和者也；比物以飾節者也；合奏以成文者也；足以率一道，足以治萬變，是先王立樂之術也，而墨子非之，奈何！」

人至樂時，則「發於聲音，形於動靜」，此卽所謂歌舞。歌舞而得意忘形，流爲粗野則亂。先王惡其亂，故制雅頌美善之樂以導之，使其聲調足以悅情而不流爲放蕩，使其歌詞清朗宜人而不含淫邪。總其樂章，委婉盡致，足以啓發人之善心。朝野上下皆有雅樂妙章，陶樂情志，和諧衆心，所制之樂，有一貫之原理，以奠定和平之情感爲本，以各種樂器飾其節奏，以構成美善之藝文，足以溝通人情，統一德化，同聲相應，上下和順。世事多端，人情不變，情感足以化除人類間一切之鉏鋙，故曰「足以治萬變」，此先王立樂之旨也。

樂之功用

一、在個人方面——孔子論詩、謂「可以興，可以觀，可以羣，可以怨」（陽貨篇）。樂與詩相類，簫鼓管絃之音，可以興發人之意志；干戚旄翟之舞，可以引發人之美感；清歌雅曲之奏，可以和樂羣心；慷慨激昂之章，可以舒散抑鬱。樂在個人主動方面，爲發抒感懷之工具；在被動方面，爲美化情操之良劑。荀子樂論云：

「故聽其雅頌之音，而志意得廣焉；執其干戚，習其俯仰屈伸，而容貌得莊焉；行其綴兆，要其節奏，而行列得正焉，進退得齊焉。故樂者、出所以征誅也，入所以揖讓也；征誅揖讓，其義一也。出所以征誅，則莫不聽從；入所以揖讓，則莫不從服。故樂者、天下之大齊也，中和之紀也，人情之所必不免也；是先王立樂之術也，而墨子非之，奈何！」

「且樂者、先王之所以飾喜也；軍旅鈇鉞者、先王之所以飾怒也。先王喜怒皆得其齊焉。是故喜而天下和之，怒而暴亂畏之。先王之道，禮樂正其盛者也，而墨子非之！」

「夫民有好惡之情，而無喜怒之應、則亂。先王惡其亂也，故修其行，正其樂，而天下順焉。故齊衰之服，哭泣之聲，使人之心悲；帶甲嬰軸，歌於行伍，使人之心壯；姚冶之容，鄭衞之音，使人之心淫；紳端章甫，舞韶歌武，使人之心莊。故君子耳不聽淫聲，目不視姦色，口不出惡言，此三者、君子愼之。」

「凡姦聲感人而逆氣應之，逆氣成象而亂生焉。正聲感人而順氣應之，順氣成象而治生焉。唱和有應，善惡相象，故君子愼其所去就也。」

「君子以鐘鼓道志，以琴瑟樂心；動以干戚，飾以羽旄，從以磬管；故其清明象天，其廣大象地，其俯仰周旋有似於四時。故樂行而志清，禮修而行成，耳目聰明，血氣和平，移風易俗，天下皆寧，美善相樂。故曰：樂者、樂也；君子樂得其道，小人樂得其欲。以道制欲，則樂而不亂；以欲忘道，則惑而不樂。故樂者所以道樂也。金石絲竹所以道德也，樂行而民鄉方矣。故樂者、治人之盛者也，而墨子非之！」

小人即常人，平常人好樂，只以樂為悅耳陶情之具，故曰「樂得其欲」。君子好樂，則並以樂可通教化之道，而輔助修身治世之功。以上所述：雅頌之音，使人心志廣大，加以莊重之舞容，和諧之節奏，整齊之動作，使人情感相融，精神統一，足以陶冶中和樂羣之情，此人之所同感；然而姦聲妖姿，使人心蕩，亦為人之所同感；故君子耳不聽淫聲，目不視邪色，所謂「閑邪存誠」（易、乾卦），「好樂無荒」（詩、蟋蟀章），故其征誅揖讓，以身率正，人皆誠服；與衆同樂，使人之喜怒哀樂皆不失性情之正，而社會實現道同風一之盛，故曰「樂者天下之大齊也」。

二、在社會方面——孔子云「天下有道，則禮樂征伐自天子出」（季氏篇）。有道之天子，乃賢聖之君，其設官分職，皆選用專門賢才；就樂而言，例如大舜用夔典樂，夔當然為音樂專家，其樂章之美，不惟有「八音克諧，百獸率舞」之妙，而其要旨在乎深寓教化之義，足以陶養性情，淑善人心，使「庶尹允諧，神人以和」（尚書、舜典、益稷）。滌除穢邪，發揚和平，朝野上下，同聲同德，增益社會倫理之美化。邪僻之音，靡靡之樂，足以惑人心而敗風教，皆當禁絕，故樂必由朝廷審出，始能實現功用。荀子樂論言之云：

「夫樂聲之入人也深，其化人也速，故先王謹為之文，樂中平則民和而不流，樂莊肅則民齊而不亂。民和齊則兵勁城固，敵國不敢嬰也。如是、則百姓莫不安其處、樂其鄉，以至足其上矣。……樂姚冶以險，則民流僈鄙賤矣。流僈則亂，鄙賤則爭。亂爭則兵弱城犯，敵國危之。如是、則百姓不安其處，不樂其鄉，不足其上矣。故禮樂廢而邪音起者，危削侮辱之本也。故先王貴禮樂而賤邪音。其在序官也，曰「修憲命，審詩商（章），禁淫聲，以時順修，使夷俗邪音不敢亂雅，太師之事也。」

「樂」可以善民心，移風易俗，使上下雍睦，國防鞏固，人民安樂，欲使樂實現如此之功能，須精通樂理始能爲，故曰此乃「太師之事也」。周禮大司樂掌樂敎，樂敎與詩敎相通，皆爲學政中之要項，樂敎所重之「樂德」與五倫五禮相關，凡樂曲、歌辭、樂舞、樂器等等，皆有專門學者掌理。賢聖之君，一切措施以邦家治安民生幸福爲本，禁止淫邪荒妄之事，樂與禮相輔爲用，「見其禮而知其政，聞其樂而知其德」（孟子公孫丑篇），禮樂關係政治敎化之功，故禮樂必自天子出，一匡天下，嚴禁不正當之娛樂；不然、如「流僻邪散狄成滌濫之音作，而民淫亂」（樂記）。當今民主自由之世，不須天子制禮樂，故戀愛曲流行，裸體舞隨之而出；循此而下，故有女醫師提倡性交敎育，省議員提議「專設接吻場所」（六十四年十一月二十一日中央日報載）。如此肉欲思想極端自由，色情能不泛濫，淫風能不流行乎！

禮樂相關

禮樂相資爲用，故孔子以禮樂相提並論，戰國之時，禮樂崩毀，荀子嫉濁世之政，故提倡禮治以救時弊，其學說以禮爲中心，並著禮之專論。先王之德化，禮樂並行，禮以致敬，樂以致和；而墨子則謂鐘鼓琴瑟不如舟車之實用，爲興利節用之計，故「故樂之爲物，不可不禁而止也」（墨子非樂篇）。是故荀子又著樂論，闡述樂之要義，並再三駁斥墨子非樂之謬誤（樂論篇、凡六次言墨子非樂之失）。

孔子云「禮樂不興，則刑罰不中；刑罰不中，則民無所措手足」（子路篇）。禮樂廢墮、則上下失序，人羣失和，如此、而紀綱紊亂，濫用刑罰，人民不安，而國危矣！故荀子云「我以墨子之非樂也，則天下亂」，「禮樂滅息，聖人隱伏，墨術行」（富國篇、成相篇）。「樂所以修內也，禮所以修外也」（禮記文王世子）。二者不可偏廢，荀子榮辱篇謂禮爲「羣居和一之道」，樂論篇謂「樂者、審一以定和者也」，雖將禮樂分而言之，其實禮樂爲治身之具，相資爲用，皆所以促進社會之和平，其修身篇所講「治氣養心之術，莫徑由禮」，而其實樂亦涵括在內。樂以輔禮，樂之功效，卽屬於禮之功效，荀子亦嘗禮樂並擧以言之云：

「禮言是其行也，樂言是其和也」（儒效篇）。——謂：禮書所言爲指導人之行爲，樂書所言爲化導人之和平。

「恭敬禮也，調和、樂也」（臣道篇）。

「樂也者、和之不可變者也；禮也者、理之不可易者也。樂合同，禮別異，禮樂之統，管乎人心矣」（樂論篇）。

「窮本極變，樂之情也；著誠去僞，禮之經也」（樂論篇）。

心爲人之主宰，「本」乃指心而言，樂之功用在乎窮究人之心理，以聲律變化之美，感動人心，歸於和平，此樂之實性也。社會之亂、由於人類不相敬愛，爾詐我虞所引起，故發揮誠敬之美德，消除虛僞之行爲，爲禮之經常正道。喜怒哀樂，人情相同，「樂」能引發人之共鳴，溝通人之感情，故曰「樂合同」。世事無常而正義不變，「五帝殊時，不相沿樂；三王異世，不相襲禮」（樂記）；凡事當因事制宜，隨時執中，荀子謂「禮之於正國也，如權衡之於輕重也，繩墨之於曲直也」（大略篇），權衡能辨物質之輕重，繩墨能辨物體之曲直，禮能辨世事之是非成敗，故曰「禮別異」。樂記云「樂極和，禮極順」，「樂至則無怨，禮至則不爭」，故曰「禮樂之統、管乎人心矣」，禮樂之道，可以統攝人心，故「先王導之以禮樂而民和睦」（樂論篇），禮樂相關之功用如此。

六、政治

禮治主義

荀子見亂世之風，小人道長，君子道消，人之惡性易於發作，故著性惡論以警世。而亂世之風、由於「亡國亂君不遂大道」而行「濁世之政」所致（孟荀列傳）。儒者懷濟世之志，此時欲作撥亂反正之計，若徒講說開導仁心、啓發善性，促使人之自覺自治，實乃難能之事；惟有就現實之情，首先平息紛爭，由互不侵犯而建定秩序，此在衆人而言，卽所謂安分守己；在官吏而言，卽所謂奉公守法；如此、方能使社會漸趨安靖、進入小康之境。此必須就當前一切事實，據正義、順人情，作合理之規定，使人有確定之準則可守，乃皆易於適從，此卽所謂禮；此乃禮治主義之初步，當然禮之奧義不止如此。

大學云「堯舜帥天下以仁而民從之，桀紂帥天下以暴而民從之；其所令、反其所好，而民不從」。有權位者，暗中反道敗德，外表冠冕堂皇，「掩其不善，而著其善」，自以爲：我個人此種行爲，嚴防洩漏，局外人不知，對社會必無不良之影響。豈知此卽所以製造亂萌，諺云「要想人不知，除非己莫爲」，星星之火，可以燎原，無法制止人民之效尤，於是盜竊亂賊乃作，而大難至矣！庸庸之衆人，一盤散沙，能順勢助亂，而不能設法弭亂，故撥亂反正之任務，仍須有權勢地位者起而高擧義旗，始能收集衆心，安定社會。荀子學說以禮爲中心，全書各篇、皆關聯禮與治道，其講禮之重要對象，卽爲王侯及公卿大夫、負治國之大任者。

君子爲才德兼備之稱，自古傳統之定憲、在位者必爲君子，君子「不可小知，而可大受」（小知者、以一技之長見知於人），能擔任治國大事，故亦稱曰大人；庸衆之人「不可大受，而可小知」（論語衛靈公篇），故稱曰小人。君子未必皆在位，在位者未必皆爲君子，「君子在野，小人在位」，則天下亂（尙書大禹謨），「君子之德風，小人之德草」（論語顏淵篇），風行草偃，上之所好，民必從之，故孟子講仁義，荀子講禮義，其主要之對象皆爲公卿王侯。因公卿王侯掌政權，負領導人羣之責，「故上好禮義，尙賢使能，無貪利之心，則下亦將綦辭讓、致忠信、而謹於臣子矣。……故賞不用而民勸，罰不用而民服，有司不勞而事治，政令不煩而俗美，百姓莫敢不順上之法，象上之志，而勸上之事，而安樂之矣。故藉歛忘費，事業忘勞，寇難忘死，城郭不待飾而固，兵刃不待厲而勁，敵國不待服而詘，四海之民不待令而一，夫是之謂至平」（荀子君道篇），倘「上無禮」、則「下無學」，如是「賊民興，喪無日矣」（孟子離婁篇）。

周公制禮作樂，開周朝之盛治，春秋時周道已衰，孔子主張復興禮樂之治，禮爲主體，樂爲禮之輔導力量，言及禮、必包括樂；論及樂、亦必合於禮；孔子已鄭重提出禮治主義，故曰「道之以德，齊之以禮」，「以禮讓爲國」，「爲國以禮」（爲政、里仁、先進）。荀子尊孔子之學，而其時須要禮治尤爲迫切，故其著書之旨卽在乎弘揚禮治，凡富國、強國、議兵、及君臣之道，俱納於禮之中而壹統之。

前於禮論章內已述禮之大要。簡而言之：禮之內蘊爲順天理合人情、一切治事之法則；其外顯爲對人處事合理之規範。其在個人方面：「禮者所以正身也」，「禮及身而行修」（修身篇、致士篇）；其在國家方面：「國之命在禮」，「禮者、治辨之極也，強國之本也」（彊國篇、議兵篇）。禮旣爲應天順人不二之理，故放之四海而皆準，行之萬世而不易。禮爲代表衆理之總稱，荀子謂「總方略，齊言行，壹統類」（非十二子），將一切事理統攝於禮，以禮爲人生之規矩準繩，故曰「禮者、法之大分，類之綱紀也」（勸學篇）。禮爲國法之本，爲弭亂持危政治之綱紀。

戰國之世，王道陵夷，諸子紛起，處士橫議，各執其所見而鳴其所是，誠如莊子所云「天下大亂，聖賢不明，道德不一，天下多得一，察焉以自好」（天下篇）。不該不徧，一曲之說，不明道之大全，大都只就目前表面之問題，判斷得失，持之有故，言之成理；然而不足以爲綱紀，不足以經國濟世。王道應天理而順人情，由天人合一之道，作匡世濟時之略，實現於行事，統歸於禮，淺而言之，似乎簡易，深究其義，則足以經綸天下，達乎大同，豈一曲之士所能知哉！荀子言之云：

「禮之理誠深矣，堅白同異之察入焉而溺；其理誠大矣，擅作典制辟陋之說入焉而喪；其理誠高矣，暴慢恣睢輕俗以爲高之屬入焉而墜。故繩墨誠陳矣，則不可欺以曲直；衡誠懸矣，則不可欺以輕重；規矩誠設矣，則不可欺以方圓；君子審於禮，則不可欺以詐僞。故繩墨者，直之至；衡者，平之至；規矩者，方圓之至；禮者、人道之極也」（禮論篇）。

荀子以禮爲人道之極，蓋諸德實行之表現爲禮，禮之實踐，通乎諸德之源。皇古之世，人類爲追逐物慾而起鬥爭，聖人乃「制禮義以分之」，使彼此各有分界，各有所守而息爭奪之患。及社會人事日繁，問題愈多，聖人又制定倫理禮法，以爲政教之本，故曰「禮以定倫」（致士篇）。由倫理之誼，使人之感情交融，不惟一切行事各有儀則，而動容周旋，應對進退，皆有雅度，此卽聖人所制之禮文；如此、故成爲禮義文明之邦。禮、誠爲人道之極；「人莫貴乎生，莫樂乎安，所以養生安樂者、莫大乎禮義」（彊國篇），此荀子禮治主義之大旨也。

有治人始有治法

中庸、哀公問政，孔子曰「文武之政，布在方策，其人存，則其政擧；其人亡，則其政息」。自古聖君賢臣，開創盛世之治，其嘉謨良猷之一切措施，皆有文獻傳述，後之庸君亂臣，雖亦循前人之法，欲守其社稷，保其祿位，然而才不足以濟世，德不足以服人，弄權舞弊，物以類聚，嫉賢害能，愚而自是，治軍則紙上談兵，爲政則空喊口號，民困而不知救，亂起而不能防，坐視敵寇之猖獗，直至覆亡而不悟，故孔子曰「爲政在人」（中庸），孟子曰「徒法不能以自行」（離婁篇），荀子論政亦剴切言之云：

「有亂君，無亂國；有治人，無治法。羿之法非亡也，而羿不世中（得）；禹之法猶存，而夏不世王。故法不能獨立，類不能自行，得其人則存，失其人則亡。法者治之端也，君子者法之原也。故有君子，則法雖省，足以徧矣；無君子，則法雖具，失先後之施，不能應事之變；足以亂矣。不知法之義而正法之數者，雖博、臨事必亂。故明主急得其人，而闇主急得其勢。急得其人，則身佚而國治，功大而名美，上可以王，下可以霸。不急得其人，而急得其勢，則身勞而國亂，功廢而名辱，社稷必危」（君道篇）。

諺云「人隨王法，草隨風」，明君御世，人民皆願安居樂業；亂君製造亂端，壓榨人民，民不聊生，則人心思亂。國家既亂，上下失序，而亂君亦陷於死路矣。國之亂，皆由暴君或庸君所造成，故曰「有亂君，無亂國」。「爲政在人」，爲政必須才德兼備之人才；「治法」即治國安民之法，抱濟世之志，有經國之略，策畫周詳，立法公正，此必須賢能之人始克爲之。法既善矣，而執行此法者，必須有文德，有武略，忠正廉明，任勞篤行，方能實現盛治之功，此亦必須賢能之人，始克爲之。反之、若闒茸當政，則一切良法，皆無效矣。有治法而無治人，則法歸無用，「法令滋彰，盜賊多有」（老子五十七章）。法之條文，雖廣博詳明，而不但不能應事之變，且徒以擾民釀亂。孔子曰「人能弘道，非道弘人」（衞靈公篇），治國之大經大法，由於人之創造，亦惟在人之實行，中庸云「大哉聖人之道，待其人而後行」，「苟非其人，道不虛行」（繫辭下），董仲舒云「夫周道衰於幽厲，非道亡也，幽厲不由也；至於宣王，思先王之德，興澤除弊，明文武之功業，周道粲然復興」（賢良策對）。可見國家興亡，全在人爲。有治人自然有治法，無治人而有治法，治法被惡人所利用，失卻眞義，反而變爲亂法，猶如千金寶劍，善人用之，作戡亂除暴之利器；奸慝得之，則用爲行兇作惡之工具。潛夫論思賢篇云「夫人治國，固治身之象，疾者身之病，亂者國之病也。身之病待醫而愈，國之亂待賢而治，治身有黃帝之術，治世有孔子之經，然病不愈而亂不治者，非鍼石之法誤而五經之言誣也，乃用之者非其人；苟非其人，則規不圓而矩不方，繩不直而準不平，鑽燧不得火，鼓石不下金，驅馬不可以追速，進舟不可以涉水也」。此恰可作荀子「有治人，無治法」之說明。

才德兼備方能勝治國之任——聖人爲才德至高之稱，其次則仁人君子，皆指有德慧之俊傑而言。在理想中居君位而治天下，聖人始克當之；然而聖人不世出，世上雖有聖人，又往往以其無志於此，或時機不遂，雖有內聖之德，而難顯外王之功。縱降級以求，而王侯公卿凡在高位者，亦必須賢能之仁人君子始克稱其職；反之，若偓促當政，勢必禍國殃民，故孟子云「惟仁者宜在高位，不仁而在高位，是播其惡於衆也」（離婁篇）。尚書皐陶之歌云「元首明哉！股肱良哉！庶事康哉」！「元首叢脞哉！股肱惰哉！萬事墮哉」！元首君也，股肱大臣也，聖明之君所用之臣，必然忠良，故衆事順成而邦國康寧。庸弱無能之君，思想紛雜，朝綱不振，臣下亦必灰心怠惰，於是政治腐敗而致變亂，孟子云「君正莫不正，一正君而國定矣」（離婁篇）；呂刑云「一人有慶，兆民賴之」；元首關係國家安危與人民禍福，其重要如此，荀子講爲君必備之德能云：

明理制禮——人羣「無禮義，則悖亂而不治。古者聖王以人之性惡，以爲偏險而不正，悖亂而不治，是以爲之起禮義，制法度，以矯飾人之情性而正之，以擾化人之情性而導之也，使皆出於治，合於道者也。」（性惡篇）——人類「縱性情，安恣睢」，起糾紛而至於亂，聖人大仁大智，明天理達人情，以爲非禮不能辨是非，非禮不能息紛爭，非禮不能定分位而安秩序；聖人明至理，而動靜以禮，以身率正，領導羣衆皆歸於禮，而天下治，故曰「辨莫大於分，分莫大於禮，禮莫大於聖王」（非相篇）。

善羣四統——「君者何也？曰：能羣也。能羣者何也？曰：善生養人者也（保民養民）；善班（辨）治人者也；善顯設人者也；善藩飾人者也；（顯、表揚，設、立也，言顯揚賢者而立之於職位也。藩飾、褒獎功德榮譽也）。善生養人者，人親之；善班治人者，人安之；善顯設人者人樂之，善藩飾人者人榮之；四統者具而天下歸之，夫是之謂能羣。」（君道篇）——興利除弊，使人民衣食無虞；政治清明，使人民安居樂業；選用賢能，則人皆悅服；嘉獎善行，則人皆貴德。人必須過羣體生活，無羣體則無國家，王制篇云「君者、善羣也」，言善能使人合羣也。能行以上四統之道，則社會安泰，人羣雍睦；如不能行此道，則不能稱國君之職，故曰君者能羣也。

德盡三至——「天下者、至重也，非至強莫之能任；至大也，非至辨莫之能分；至衆也，非至明莫之能和。此三至者，非聖人莫之能盡，故非聖人莫之能王。聖人備道全美者也，是懸天下之權稱也。」（正論篇）——治天下爲大事，非聖人之強莫能勝任；天下庶事廣繁，非聖人之智不能判斷確當；天下人類至衆，非聖人之明不能奠定和平。聖人備道全美，持心如秤，公正無私，故能王天下。

道通統類——「聖人者、道之管也」（儒效篇）。管者、樞機也。聖人聰明睿智，通天理明人事，人生之正路，人世之文明，皆由聖人之德慧開導而出，故謂聖人爲道之樞機。樞機總輯一切事理，爲事理之綱領，亦卽荀子所謂「統類」、「大本」（王制篇），亦卽人事之總則、原理，聖人明世事之原理，故能「總方略，壹統類」，「以類行雜，以一行萬」，「宗原應變，曲得其宜」（非十二子、王制）。「舉措應變而不窮，夫是之謂有原。」（王制）——有如此之德能，始敢當元首之地位。

有明君始有賢臣——國君具備上述之條件，卽所謂有道之明君，「君者民之原也；原淸則流淸，原濁則流濁」（君道篇）。君雖明哲，然天下之大，非一人所能掌理，「欲修政美俗，則莫若求其人」（君道），故必須選拔人才，使賢者在位，能者在職，各奏其功，乃可完成盛治，此爲第一重大之事，荀子之言云：

知人善任——荀子云「人主者、以官人爲能者也」（王霸篇）。臯陶謨云「知人則哲，能官人」。人君有知人之明，所任用之官吏，善得其人，方能各稱其職，共圖盛治。「君子之所謂賢者，非能徧能人之所能之謂也；君子之所謂知者，非能徧知人之所知之謂也；君子之所謂辯者，非能徧辯人之所辯之謂也；君子之所察者，非能徧察人之所察之謂也；有所止矣。相高下，視墝肥，序五種，君子不如農人；通財貨，相美惡，辯貴賤，君子不如賈人；設規矩，陳繩墨，便備用，君子不如工人；不恤是非然不然之情，以相薦撙，以相恥怍，君子不若惠施鄧析。若夫譎（決）德而定次，量能而授官，使賢不肖皆得其位，能不能皆得其官，萬物得其宜，事變得其應，愼墨不得進其談，惠施鄧析不敢竄其察。言必當理，事必當務；是君子之所長也。」（儒效篇）——德薄者不可居高位，才短者不能擔大任，用人得當，則萬事皆得其宜；雖有政見不同之辯論家、亦不能指出弱點，亦無法進其異言。「任官惟賢才，左右惟其人」（尚書咸有一德）。明君善於知人，善於用人，故能成治平之功。

尚賢辨姦——荀子臣道篇云：諂媚以取悅於君，而暗作枉法之事，「偷合苟容，以持祿養交而已，謂之國賊」。君有過，將危國家，進忠言以糾其謬，反覆之而不聽，則去；謂之「諫臣」。君失計，將危社稷，犯顏冒險力諍，謂之「爭臣」。有能率羣臣，強君所難，矯君之非，君雖感到威脅，而又不得不聽，然而結果竟能解國之大患，除國之大害，使君愈尊榮，而國益安定，此之謂「輔臣」。有能抗君之命，擅君之權，反君之過失，挽救國家之危難，使君無所辱，而造成國家之大利，此之謂「拂臣」。「故諫爭輔拂之人，社稷之臣也，國君之寶也，明君之所尊厚也，而闇主惑君以爲己賊也」。「通忠之順」，通達忠之眞義，遇必要時，雖違君心，而其實爲順理效忠。「權險之平」，權量事之輕重，冒險犯難，不顧毀譽，而總求平亂安民。「禍亂之從聲」，助君之惡，對君之亂命隨聲附和。此「三者、非明君莫之能知也。爭然後善，戾然後功，出死無私，致忠而公，夫是之謂通忠之順；信陵君似之矣。奪然後義，殺然後仁，上下易位然後貞，功參天地，澤被生民，夫是之謂權險之平；湯武是也。過而通情（君有過，而曲通其情以順之），和而無經（但和順君意，而無正道），不恤是非，不論曲直，偷合苟容，迷亂狂生，夫是之謂禍亂之從聲；飛廉惡來是也。」——「故明主尙賢使能而饗其盛，闇主妒賢畏能而滅其功，罰其忠，賞其賊，夫是之謂至闇，桀紂所以滅也」（臣道篇）。

賢能無階級——荀子曰「賢能不待次而舉，罷不能不待頃而廢，元惡不待教而誅，中庸不待政而化。……雖王公士大夫之子孫也，不能屬於禮義，則歸之庶人。雖庶人之子孫也，積文學，正身行，能屬於禮義，則歸之卿相士大夫。」（王制篇）——舉賢能不論貴賤地位，亦不分官級次序；對無能之官吏，速即罷免，不須遲疑。惡性重大之徒，蠻不率教，誅之無可惜；中庸守正之人，不待刑賞，自勵而向善。王公之子孫，不能歸善，則廢爲庶人；庶人之子孫，品高學博，遵守禮義，則舉爲卿相。如此、公正無阿，以禮爲度，惟賢能是選，無階級之分，則上下人心安有不平之氣哉！

選賢無私——選用賢能，「內不可以阿子弟，外不可以隱遠人」。若「唯便嬖親比己者之用也」，則危矣！（君道篇）——子弟無才德，而使之居要職，弱不勝任，實所以害之；故堯舜讓賢而不傳子。便嬖之徒，諂諛服從，志在要權取利。故桀紂皆以專寵嬖佞，而敗亡。

分職負責——「大有天下，小有一國，必自爲之然後可，則勞苦耗顇莫甚焉；如是、則雖臧獲不肯與天子易勢業。以是懸天下，一四海（懸衡天下，為四海主公平），何故必自為之？為之者，役夫之道也，墨子之說也。論德使能而官施（用）之者，聖王之道也，儒之所謹守也。傳曰：農分田而耕，賈分貨而販，百工分事而勸，士大夫分職而聽，建國諸侯之君分土而守，三公摠方而議；則天子恭己而已矣；出若入若（內外皆如此，指論德使能而言），天下莫不平均，莫不治辨，是百王之所同也，而禮法之大分也。」（王霸篇）——「聖人備道全美，是懸天下之權稱也」（正論篇）。聖王主持中樞，如權衡之懸於天下，總知萬事之輕重，善察人才之臧否，設官分職，各負專責，不攬權多事，恭身率正，無為而無不為矣。

總上所述賢能者始克勝治國之任，有明君始有賢臣，君明則臣良。荀子云「聖王在上，分義行乎下，則士大夫無流淫之行，百吏官人無怠慢之事，衆庶百姓無姦怪之俗，無盜賊之罪，莫敢犯上之禁」（君子篇）。總之明君御世，舉直錯枉，在位者皆為君子，「禮義者治之始也，君子者禮義之始也，民之父母也」（王制篇）。君子能以身作則，執行禮義，保障人羣，故民尊之如父母。王道之法，載在典籍，有王者之人為之，始能王（王制篇），「故有良法而亂者、有之矣；有君子而亂者、自古及今未嘗聞也。傳曰：治生乎君子，亂生乎小人，此之謂也。」（王制篇、致士篇）——良法乃明君賢臣所制定，歷觀各朝開國之初，其政綱雖草創疏簡，而執行嚴明，故其治道日隆；衰世末葉，主闇於上，臣詐於下，其政令雖設計周密，法良意美，而空為具文，不能救亡，是故有治人、自然有治法；無治人而徒有治法，猶如標語口號，無濟於事也。

君臣之道

荀子君道篇、臣道篇，分講君臣之道。元首摠理天下大事，其關係之大，其應盡之道，本章前段，已略述之。總之，爲君必須「道德純備，智慧甚明」（正論篇）。必須明天人之理，制定禮法，以身作則，領導羣衆，和睦社會，「取人有道，用人有法」，行誼動靜，以禮爲度（君道篇）。故「一人元良，萬邦以貞」（尚書太甲）。此聖君也。居君位者，雖不能皆爲聖君，而亦當崇法聖君，而成爲賢君，議兵篇云「君賢者、其國治；君不能者、其國亂」，即言賢能之君方克稱職也。

帝位爲神器，有野心於政權者，皆欲得之，強欲得之，則鬥爭流血，禍及人羣。故自古人心習慣，形成公約，以覬覦神器爲莫大之忌諱。帝王子孫相繼，減少奪權之亂端，非遇桀紂之君，決不輕易變動帝位，以免影響大局、引起戰亂。嗣位之君，未必賢明，雖爲中才，而能循規蹈矩，羣臣忠心輔治，便可保邦安民。以蜀漢後主之庸弱，而有諸葛亮、蔣琬等爲輔佐，竟能支持國祚與魏吳鼎立四十餘年；南明福王尚有半壁江山，而馬士英、阮大鋮等出而秉政，不一載而即覆亡。元首聖明，固須良弼；國君凡庸，尤須賢臣。臣爲君「股肱耳目」（尚書益稷），其任務顧不大哉！孔子云「爲君難，爲臣不易」（論語子路篇）；孟子云「欲爲君，盡君道；欲爲臣，盡臣道」（離婁篇）；臣道如何？荀子臣道篇言之云：

有態臣，有簒臣，有功臣，有聖臣。——「內不足使一民，外不足使距難，百姓不親，諸士不信；然而巧敏佞說，善取寵乎上，是態臣者也。上不忠乎君，下善取譽乎民，不恤公道通義，朋黨比周，以環主圖私爲務，是篡臣者也。內足使以一民，外足使以距難，民親之，士信之，上忠乎君，下愛百姓而不倦，是功臣者也。上則能尊君，下則能愛民，政令教化，型下如影，應猝遇變，疾急如響，推類接譽，以待無方，曲成制象，是聖臣者也。故用聖臣者王，用功臣者強，用篡臣者危，用態臣者亡」。

有諫臣，有爭臣，有輔臣，有拂臣。（已見前節尚賢辨姦段內）——「伊尹箕子可謂諫矣，比干子胥可謂爭矣，平原君之於趙可謂輔矣，信陵君之於魏可謂拂矣。傳曰「從道不從君，」此之謂也。」

「有大忠者，有次忠者，有下忠者，有國賊者。——以德覆君而化之，大忠也；以德調君而輔之，次忠也；以是諫非而怒之，下忠也。不恤君之榮辱，不恤國之臧否，偷合苟容，以持祿養交而已耳，國賊也。若周公之於成王也，可謂大忠矣；若管仲之於桓公，可謂次忠矣；若子胥之於夫差，可謂下忠矣，若曹觸龍之於紂者，可謂國賊矣」。

「事聖君者，有聽從無諫爭；事中君者，有諫爭無諂諛；事暴君者，有補削無撟拂。恭敬而遜，聽從而敏，不敢有以私決擇也，不敢有以私取與也，以順上爲志，是事聖君之義也。忠信而不諛，諫爭而不諂，撟然剛折端志而無傾側之心，是案曰是，非案曰非，是事中君之義也。調而不流，柔而不屈，寬容而不亂，曉然以至道而無不調和也，而能化易，時關納之（關、通也。化易其暴戾之性，所進之言，能通其心而被採納），是事暴君之義也。若馭樸馬，若養赤子，若食餒人。故因其懼也而改其過，因其憂也而辨其故，因其喜也而入其道，因其怒也而除其怨，曲得所謂（爲）焉」。

以上所述，爲臣之道備矣，聖王明察萬幾，愼修寡過，故臣下無須諫爭，卽或有諫，亦能聞過則改，從善如流，故在聖王領導之下，臣道易盡。然聖王不世出，賢臣雖遇暴君，而爲國家大計着想，非萬不得已，亦不肯去而遠之，故伊尹曾五次事桀（孟子告子篇）。荀子以事暴君比之如馭樸馬、保赤子，曲盡其道，於心始安，可見爲臣之不易。荀子云爲君之道「以禮分施，均徧而不偏」，爲臣之道「以禮事君，忠順而不懈」（君道篇）。君臣相對，各盡其道，「君使臣以禮，臣事君以忠」（論語八佾篇），此爲當然之倫理關係；然而不通倫理之眞義者，竟誤解儒家忠君之主張，而橫加非薄，玆略述忠君之義如下：

儒家之政治爲倫理政治，教育爲倫理教育，由五倫而構成倫理社會。五倫先由家庭起，父慈子孝，父母爲一家之主，子女孝敬父母爲天然之義。君爲一國之首長，總理全國大事，奠定邦家治安，製造社會幸福，此須羣策羣力，和衷共濟，方能達乎共同所祈求之樂境。假若臣民不忠，不聽領導，敗壞倫常，擾亂國是，則國君亦無如之何，豈不同陷於覆亡！無論君主政體或民主政體，國家之事，非元首一人所能包辦，必須官吏勠力奉公，羣衆擁護政令，其國家方能存立，忠君之義千古不變也。

荀子云「君者、治辨之主也」（禮論篇），辨爲清晰而不迷亂，與治同義。才德兼備，善理國事者，卽爲治辨之主，主卽爲君，臣爲君之屬下，故以元首比君，以股肱比臣，元首與股肱皆爲重要，故君臣互相重視，「君使臣以禮，臣事君以忠」。君臣之倫，非僅指國君與羣臣而言，君爲首長，臣爲部屬；上自國君與羣臣，下至各級長官與屬員，以及社會各事業團體，有首長，有羣屬，皆屬於君臣一倫，任何事務機關、團體組織，下級不忠於上級，必至潰敗；忠君卽服從法令，忠於職務也。

聖賢君子，始可爲君，荀子云「國之命在禮」（彊國篇）「禮者、聖人之所生也」（性惡篇），「君子者、治之原也」，「君者儀也，民者影也，儀正而影正」（君道篇）。原、本也，主持治國之大事，必須明禮之君子始克勝任。君爲領導羣倫之儀型準則，上行下效，民之從君，猶如影之隨形，「君正莫不正，一正君而國定矣」（孟子離婁篇）。君乃「智惠甚明」、「備道全美」之聖人（正論篇），負治國大任，爲全民造福，臣民豈可不忠！故忠君爲儒家一貫之主張。

儒家之忠君與法家之畏勢尊君不同，管子云「人主者、擅生殺，處威勢，操令行禁止之柄以御其羣臣，此主道也」；「明主在上位，有必治之勢，則羣臣不敢爲非，是故羣臣之不敢欺主者，非愛主也，以畏主之威勢也；百姓之爭用，非以愛主也，以畏主之法令也。故明主操必勝之數，以治必用之民；處必尊之勢，以制必服之臣」（明法解）。君必須有權勢始能推行政令，此爲必然之事；前期法家主張君擅權勢，而仍在維持「上下和同，而有禮義」之政體，（管子五輔篇）。後期法家則主張君主獨裁，商鞅云「權者、君之所獨制也。……權制獨斷於君、則威」（商君書重權篇）。獨斷卽獨裁，君若賢能，明足以弭亂，武足以伐暴，統一力量，政令易於推行，雖獨裁亦無妨，然而後期法家主張絕對尊君，君有絕對專制之權，君臣之分既定，臣須絕對服從，「人主雖不肖，臣不敢侵也」（韓非子忠孝篇）。尊崇權勢，故反對仁義，謂「仁義不足以治天下」（商君書畫策篇）；禁止臣民行仁義，以防其得羣衆之敬愛，影響君之尊嚴，故曰「得民者，君上孤也；匹夫之私譽，人主之大敗也」（韓非子八說篇）。謂賢臣爲君之敵人，韓非謂「今舜以賢取君之國，而湯武以義放弒其君，此皆賢而危其主者也」。謂：堯禪舜，舜受禪，湯武革命，皆爲「反君臣之義，亂後世之教」；「盡力守法，專心事主者，爲忠臣」（忠孝篇）。權制必須由君獨斷，君雖昏暴，臣屬亦當絕對服從，只宜助紂爲虐，不可效湯武之革命，法家之尊君如此。

儒家所忠之君，爲能行仁政爲人羣造福之有道明君。明君絕不獨裁，故「黃帝立明臺之議者，上觀於賢也；堯有衢室之問者，下聽於人也。舜有告善之旌，而主不蔽也；禹立諫鼓於朝，而備訊唉（唉、告也）。湯有總街之庭，以觀人誹也；武王有靈臺之復，而賢者進也」。齊桓公聽管仲所述以上聖明之君用賢納諫，接受民意之事實，亦效而爲之，設「嘖室之議」，有能指擿國君之過失者，「謂之正士」，皆列於嘖室之議，以求改善政治（管子桓公問篇），是以桓公能成一匡天下之功。霸業尚猶如此，而況儒家所主之王道。此與法家之專制絕不相同。

傳曰「從道不從君」（臣道篇）。臣民對無道之君，不但可以不忠，而且應當革命，堯舜爲有道之聖君，其禪位讓賢，乃出自仁心、爲天下之幸福計，故能造成唐虞之盛世；而法家非之。桀紂毒痛四海，爲天下之罪人，湯武革命，弔民伐罪，乃應天順人之擧，而法家謂爲「反君臣之義」。桀紂殘害百姓，已失却爲君之資格，故孟子謂「聞誅一夫紂矣，未聞弒君也」（梁惠王篇）；荀子謂『世俗之爲說者曰「桀紂有天下，湯武篡而奪之」。是不然；……誅暴國之君若誅獨夫；若是、則可謂能用天下矣。能用天下謂之王。湯武非取天下也，修其道，行其義，興天下之同利，除天下之同害，而天下歸之也。桀紂非去天下也，反湯武之德，亂禮義之分，禽獸之行，積其凶，全其惡，而天下去之也。天下歸之，謂之王；天下去之，謂之亡。湯武者，民之父母也；桀紂者，民之怨賊也。今世俗之爲說者，以桀紂爲君，而以湯武爲弒，然則是誅民之父母，而師民之怨賊也』（正論篇）。此所謂世俗之說，卽指法家之說而言。堯舜讓賢爲天下造福，湯武伐暴爲天下除害，故荀子云征誅揖讓其義一也」（樂論篇）。——法家保桀紂而斥湯武，可見儒家之忠君與法家之尊君，大相逕庭矣！

重民

古昔對爲政者與人民之關係，雖未如今之過甚其辭，謂人民爲主人，當政者爲公僕，然而當政者對人民之重視，並不亞於今日。尚書云「民惟邦本」，「苟無民，何以有君」？（戰國策齊策），故孟子云「民爲貴，君爲輕」（盡心篇）。大雅云「天生蒸民，有物有則」，民指一切人類而言，君亦在內，君爲主持國政者之稱謂，國政爲全國人類之事，政治腐敗，人民遭殃，君亦危險，君不能脫離人民而獨立，故曰民爲貴，君爲輕。荀子亦深切言之云「天之生民，非爲君也；天之生君，以爲民也」（大略篇）。天生萬民，使之各遂其生，並非爲國君南面稱尊須有羣衆擁護，故生萬民以供其驅使；「惟天生民有欲，無主乃亂；惟天生聰明是乂」（尙書仲虺之誥）。萬民羣聚，因欲而起爭端，若無人起而主持正義解決問題，則必大亂，故天生聰明之人君，出而擔當治平之任務，民生始得安定，故曰「天之生君，以爲民也」。國君「克相上帝，寵綏四方」（泰誓），爲人羣造幸福，故受人民之擁護。荀子云：

「若夫重色而衣之，重味而食之，重財物而制之（管制處理），合天下而君之，非特以爲淫泰也，固以爲主天下，治萬變，材萬物，養萬民，兼制天下者，爲莫若仁人之善也夫！故其知慮足以治之，其仁厚足以安之其德音足以化之，得之則治，失之則亂。百姓誠賴其智也，故相率而爲之勞苦，以務佚之，以養其智也。……故仁人在上，百姓貴之如帝（天帝），親之如父母，……其所利焉誠多也」（富國篇）。

「今之世而不然：厚刀布之歛以奪之財，重田野之稅以奪之食，苛關市之征以難其事。不然而已矣（不但如此而已），有（又）掎挈伺詐，權謀傾覆，以相顚倒，以靡敝之，百姓曉然皆知其汙漫暴亂而將大危亡也，是以臣或弑其君，下或殺其上，鬻其城，背其節，而不死其事者，無他故焉，人主自取之也」（富國篇）。

賢明之君，雖受萬民之供養，而以身作則，「節用裕民」，亦不肯作奢侈之享受，故大禹「菲飲食，惡食服」（論語泰伯篇），而「文命敷于四海」（大禹謨），其實國君身負大任，日理萬幾，即享受優厚，而並非尸位素餐，亦不爲過分，治國安邦，愛民如子，故人民甘願供其錦衣美食，親之如父母，休戚與共。反之、若厚斂苛征，奪民之財，以滿足己之私欲，自知必招衆怨，遂尋民之釁，揭民之過，藉爲口實而威嚇之，以爲可以降伏其反抗之心。「上好貪利，則臣下百吏乘是而後豐取刻與，以無度取於民」（君道篇）。於是上下交征利，「權謀傾覆以相顚倒」，因而影響政事，虛靡公帑，仍須取之於民，加重其負擔，陷人民於困敝之境，如此虐政穢行，豈能不亡，是以臣弒其君，下殺其上，而大難至矣，是人主自取之也。

「故有社稷者，而不能愛民不能利民，而求民之親愛己，不可得也。民不親不愛，而求其爲己用爲己死。不可得也。民不爲己用，不爲己死，而求兵之勁城之固不可得也。兵不勁城不固，而求敵之不至不可得也。敵至而求無危削不可得也。危削滅亡之情舉積此矣，而求安樂，是狂生者也。狂生者，不胥時而樂，故人主欲彊國安樂，則莫若反之民」（君道篇）。

人主欲使國家強固安樂，必須反求於民，能愛民利民，則人民自然愛護政府，服從命令，「故君人者愛民而安，好士而榮，兩者無一焉而亡」（彊國篇）。好士則選用賢能，愛民則福惠人羣，兩者缺一不可也；其好士之目的卽爲福惠人羣。重視人民，故能愛民，人君高居萬民之上，大權在握，若不重人民，不知己之權位全賴人民支持；而徒爲享樂尊榮，橫施生殺予奪之威，是自取禍也。荀子引孔子之言云「君者，舟也；庶人者，水也；水則載舟，水則覆舟，君以此思危，則危不至矣」（哀公篇）。以水喻民，以舟比君，最爲恰當。君若兢兢業業，不忘自身之命運託諸人民，不敢「罔水行舟」（尚書益稷），則必重視人民，愛護人民，如此則國安而君安矣。

富強

孔子謂為政之首要當「足食足兵」，對人民當先富後敎，敎育之中包括軍事訓練，嘗云「以不敎民戰，是謂棄之」（論語顏淵篇子路篇）。蓋兵可百年不用，不可一日不備；若人民素日不習兵革，一旦有警，而用之應戰，豈非等於棄之死地乎？孟子謂：王道之始，首須豐衣足食，再加以庠序之敎，「序者、射也」，嘗云「不敎民而用之（作戰），謂之殃民」（告子篇），其敎育亦包括軍事之學。儒家注重富強，然反對聚歛民財窮兵黷武之富強，故孟子謂：「連諸侯」互相侵略，及強迫人民闢草萊、任重稅者，皆為罪人，謂：今之事君者曰「我能為君闢土地，充府庫」，及「我能為君約與國，戰必克」者，皆為民賊（告子篇）。戰國之世，富強之說大盛，法家兵家皆以此得勢於時君，各陳其富國強兵之策，以作侵略殺伐之備，荀子當時向各國當路者陳濟時之略，亦不能反對時風之所尚，然荀子之學說以禮為中心，其所講之富強，亦以禮為本，富強根於政治，政治必本乎禮，故曰「國之命在禮」，「隆禮貴義者，其國治」，反之則必亂，「禮者、治辨之極也，彊國之本也」（彊國篇、議兵篇）。略舉其言如下：

「足國之道，節用裕民，而善藏其餘。節用以禮，裕民以政。彼節用故多餘，裕民則民富。……上以法取焉，而下以禮節用之。……不知節用裕民則民貧，民貧則田瘠以穢，田瘠以穢則出實不半；上雖好侵奪，猶將寡獲也。而或以無禮節用之，則必有貪利糾譑之名，而且有空虛窮乏之實矣。此無他故焉，不知節用裕民也」（富國篇）。

「上好功則國貧，上好利則國貧，士大夫衆則國貧，工商衆則國貧，無制數度量則國貧。下貧則上貧，下富則上富。故田野縣鄙者，財之本也；垣窌倉廩者，財之末也（窌同窖、地下儲藏室）。百姓時和，事業得叙者，貨之源也；等賦府庫者，貨之流也（等賦、以差等制賦），故明主必謹養其和，節其流，開其源，而時斟酌焉。潢然使天下必有餘，而上不憂不足（潢然、水深廣貌）；如是，則上下俱富，交無所藏之（上下無所隱匿），是知國計之極也」（富國篇）。

「輕田野之稅，平關市之征，省（減也）商賈之數，罕興力役，無奪農時，如是則國富矣。夫是之謂以政裕民」（富國篇）。

以上所述足國之道，在乎節用裕民，財物依法取之於民，而積藏其餘以備不時之需。以禮節用，即開支合理，不虛耗公帑。在上者好大喜功，興兵構怨，則國貧。在上者好與民爭利，以供奢靡，則國貧。政務繁瑣，濫設官吏，則國貧。工商過盛，農產減少，則國貧。經常費用無制度數量，則國貧。民貧即國貧，民富即國富。不多事擾民，使人民得以應順天時，專心農事而無憂煩，謂之時和，如此則事業安定，生產增加，此爲貨財之源，貨財之運用謂之流，明主必培養人民生產之力以開財源，而又斟酌用度以節其流；如此則上下俱富。在上者不巧立名目以增征斂，在下者不隱匿財產以漏賦稅，所謂交無所藏，此乃深明國計民生無上之策。裕民即所以富國，減輕賦稅，勿使商賈影響農業；罕興徭役，勿使人民荒廢田疇，此之謂以政裕民。

「民以食爲天」（漢書酈食其傳），中國自古重農業，荀子講國家之富源以農業爲主，亦時代所使然，其所謂「工商衆則國貧」，又主張「省商賈之數」，蓋以工人之製造，商賈之貿易，其物品原料皆出自農業，如農人少而工商多，則物資缺乏，工商亦衰。故對工商加以限制，並非如韓非五蠹篇謂工商乃邦之蠹，當廢除之。荀子之主張乃對工商作有條件之裁奪，使其事業本身不至泛濫凋敝，且不至影響農業，試看荀子言工商之功用云：

「北海則有走馬吠犬焉，然而中國得而畜使之。南海則有羽翮齒革曾青丹干焉，然而中國得而財之。東海則有紫紶魚鹽焉，然而中國得而衣食之。西海則有皮革文旄焉，然而中國得而用之。故澤人足乎木，山人足乎魚，農夫不斲削不陶冶而足械用，工賈不耕田而足菽粟」（王制篇）。所謂北海東海，皆指絕遠之域而言，四方遠地之各種物品，中國得而用之，此商人通有無之功也；齒革文旄、製成用品，此工人技術之功也。農人供菽粟，工賈供器用，「通流財物粟米，無有滯留，使相歸移也（轉輸也）；四海之內若一家」（王制篇）。荀子並非不重視工商，惟就當時之實情而言，不得不有所限制耳。

山林田野之農產，關市工商之營業，爲國家資源之本，善爲督理，如上所述，以政裕民，開源節流，「盡其美，致其用」（王制篇），如此則民富而國富。富而後能談到強，孔子論政，「足食」第一，「足兵」次之；蓋民既富庶，安居樂業，皆知重視生命財產之保障，於是而建軍講武，鞏固國防，加強治安，人民易於服從，此須政府善用軍事人才，精於治兵之策，始能壯三軍而振國威，荀子講軍事之要領云：

「上不隆禮則兵弱，上不愛民則兵弱，已諾不信則兵弱，慶賞不漸則兵弱（漸爲引進通導之義），將率不能則兵弱」（富國篇）——軍事根於政治，不崇禮則政治失度，不愛民則人民離心，諾而不信則法令失效，爲增進士氣，不可虛誇聲勢；爲鼓勵士卒，慶賞有功，不可偏私；偏私失實則士卒怠惰；將帥若低能，無勇無謀，空戴總戎之頭銜，臨陣則士卒潰散，以上各端皆兵弱之原因。

「凡用兵攻戰之本在乎壹民；弓矢不調，則羿不能以中微；六馬不和，則造父不能以致遠；士民不親附，則湯武不能以必勝也。故善附民者，乃善用兵者也」（議兵篇）——壹民、即善政愛民，使人民同心歸附，上下一體，團結一致，故兵強。

「好士者強，不好士者弱；愛民者強，不愛民者弱；政令信者強，政令不信者弱；民齊者強，民不齊者弱；賞重者強，賞輕者弱；刑威者強，刑侮者弱（刑罰不當，則人民侮慢）；械用兵革攻完便利者強（完、敵壘完固），械用兵革窳楛不便利者弱；重用兵者強，輕用兵者弱；權出一者強，權出二者弱；是強弱之常也。」（議兵篇）——重賢才，不重諂佞之人；愛人民，不愛聲色貨利；政令公正而有信用，人民團結而無紛歧，賞罰鄭重而有威信，器械精良便於適用，不肯輕敵，戰則必勝；政權統一而無矛盾，此強國之常道也。

仁人之兵「百將一心，三軍同力。臣之於君也，下之於上也，若子之事父，弟之事兄，若手臂之扞頭目而覆胸腹也」。「故仁人之兵，聚則成卒，散則成列（行動有紀律）；延則若莫邪之長刃，攖之者斷；銳則若莫邪之利鋒，當之者潰；（延、長也，直也，陣法有方圓曲直銳等名）」（議兵篇）。

總之儒家之政術以禮爲本，故荀子云「儒術誠行，則天下大而富」（富國篇），富則能強，富強之術，簡而言之：「積財物，而勿妄棲遲薛越（浪費拋棄）也，是使羣臣百姓皆以制度行，則財物積，國家案自富矣」！「刑政平，百姓和，國俗節，則兵勁城固，敵國案自詘矣」（王制篇）。對強暴之國，既不能以暴力與之相敵，賂之以財物而不能息其野心，蓋「事之以貨寶，則貨寶殫而交不結；約信盟誓，則約定而叛無日；割國之錙銖以賂之，則割定而欲無厭。事之彌順，侵人愈甚，必至於資殫國舉然後已」！「必將修禮以齊朝，正法以齊官，平政以齊民，節奏齊於朝，百事齊於官，衆庶齊於下。如是，則近者競親，遠方致願，上下一心，三軍同力，名聲足以暴炙之，威強足以捶笞之，拱揖指揮，而強暴之國莫不趨使，譬之是猶烏獲與焦僥搏也（烏獲能舉千鈞、焦僥高只三尺）」（富國篇）。一切須求之於自己，自己之問題須自己解決，不可依賴外人。苟能以禮治國，奮發圖強，強暴之敵何足懼哉！富強之道，必根於禮，荀子之言「不離於宗」也。

七、崇先王法後王

先王指聖君明王而言，庸君昏王不括在內。孔子云「先王有至德要道」（孝經），孟子云「遵先王之法」（離婁篇）。孔孟之時，當世已無聖王，其所稱之先王，乃指文武而上之聖君而言，有人以孔孟只稱先王而未言及後王，荀子則屢屢言及後王，且主張法後王，遂以此爲荀子與孔孟不同之處，其實不然。

孔子「祖述堯舜，憲章文武」（中庸）；孟子亦稱堯舜之道，文武之德；堯舜以前之聖王，年代已遠，文獻簡略，於唐虞時代而言，則羲農爲先王，黃帝爲後王；於夏商時代而言，則黃帝爲先王，堯舜爲後王；於周朝而言，則堯舜爲先王，文武爲後王。唐虞而後，年代愈近，史事愈詳，故孔孟論政，起自堯舜，下及文武，總稱曰先王，而未特別提出後王之稱號。蓋以先王統屬後王，後王本乎先王，論及先王，則後王之道亦括在內，故孟子云「先聖後聖，其揆一也」（離婁篇）。後王承先王之緒而演進，人義倫理，賡續弘揚；文物制度，陸續制新；故荀子云「欲觀聖王之迹，則於其粲然者矣，後王是也」（非相篇），是以崇先王法後王，乃必然之事，非獨荀子有此主張，孔孟所言亦如此也。

孔子崇堯舜尊文武

帝堯之克明俊德，協和萬邦；帝舜之恭己率正，無爲而治；其政教之旨，德化之方，載在典籍，闡人生之正路，作萬世之紀綱，孔子讚之云：

「大哉！堯之爲君也，巍巍乎，唯天爲大，唯堯則之。蕩蕩乎，民無能名焉。巍巍乎，其有成功也，煥乎，其有文章」（論語泰伯篇）。

「無爲而治者，其舜也與！夫何爲哉？恭己正南面而已矣」！（論語衛靈公篇）。

自孔子之世而言，堯舜文武皆爲先王，先王包括往昔所有之賢君而言，不但禹湯在內，孔子稱頌「三代明王之政」（禮記哀公問），即少康之興夏，武丁之興殷，成王之立政安民，宣王之撥亂返正，凡前王之豐功盛業足以爲法者，皆括在內。「仲尼祖述堯舜，憲章文武」，乃只舉先後之主要者而言，朱子云「祖述者，遠宗其道，憲章者，近守其法」。堯舜之道，爲人生之準則，爲政教之綱領，歷代皆遵其道而行，然爲求進步而達於美善，則實行之方，不能固定，故歷代有沿革，往昔之法，不便於今者，則因時制宜，另定新法，方有實效。道之原則，本諸堯舜，實行之法，則不能舍近而求遠，故當近取文武之法，以適現實之用。孔子云：

「夏禮吾能言之，杞不足徵也。殷禮吾能言之，宋不足徵也。文獻不足故也，足則吾能徵之矣」（論語八佾篇）。

「我欲觀夏道，是故之杞，而不足徵也，吾得夏時焉。我欲觀殷道，是故之宋，而不足徵也，吾得坤乾焉。坤乾之義，夏時之等（等為曆法之節次），吾以是觀之」（禮運）。

「周監於二代，郁郁乎文哉！吾從周」！（論語、八佾篇）。——監、視也，察也。夏商二代接近於周，故周室監察夏商之禮，較其長短得失，加以損益而制周禮，周之禮儀典制更為完美，故孔子從周。

樂記云「禮也者、理之不可易者也」。一切世事皆有其自然之定理，如人有倫理，事有公理，先王依此定理以制禮，禮之本義今古不變，而禮之儀文則代有興革，（儀文指典章制度及社會禮俗儀式而言）。孔子云「殷因於夏禮，所損益可知也；周因於殷禮，所損益可知也；其或繼周者，雖百世可知也」（論語為政篇）。可損可益之事，指禮之儀文而言，「百世可知者」，指禮之本義而言，儀文為禮之實行所用之方式，方式為求適宜，可以隨時損益，而不能違離禮之本義，所謂「大德不踰閑，小德出入可也」（論語子張篇）。

武王平定天下之後，封夏之後裔於杞，封商之後裔於宋。孔子欲觀夏商二代之禮，故之杞宋考察，意其先代舊典，故家遺風，猶有存者；然時代變遷，禮制亦隨之有變，故杞宋現行之禮，不足徵信為夏商當時之禮。雖然於杞得夏時之書，於宋得坤乾之書，可以作一部分史料觀，然文獻仍然不備，不足與孔子所知者相參證，故不能徵其當日之實況。周禮係周公參照夏商二代之禮，較其長短，而損益之，重加修定，更為完美，因此，文化大盛，故孔子贊之曰「郁郁乎文哉」！孔子學周禮，從周禮，憲章文武之道；由禹湯而言，文武爲後王，是孔子亦法後王也。

孔子云「禮者、理也」，「夫禮、先王以承天之道，以治人之情」（禮記仲尼燕居、禮運），先王所傳之倫理道德，出自天理人情，此經常大道，古今一致，永世不變。若夫文物制度，則各就當前之事宜以作審定，有「率由舊章者」，有「推陳出新」者，「五帝殊時，不相沿樂；三王異世，不相襲禮」（樂記），每一事物之制定，其初施行有利，若久而生弊，則當變革；變革之後，年代久遠，則當日其利弊之實況，後世不能詳知，只有視爲歷史之陳跡而已。新陳代謝，新法由舊法革新而來，「後來者居上」，合乎時宜，便於實行，則不可返古之道矣！

孟子稱堯舜崇周道

孟子「道性善，言必稱堯舜」（滕文公篇），謂「堯舜之道，不以仁政，不能平治天下」；謂：先王有不忍人受苦之心，故有不忍人之政，「禹思天下有溺者，猶己溺之也；稷思天下有飢者，猶己飢之也」；「以不忍人之心，行不忍人之政，治天下可運之掌上」（離婁篇公孫丑篇）。不忍人之政即仁政，即愛民之政，亦即王道。王道上溯堯舜，下及文武，堯舜爲先王，文武爲後王。後人與後王之時接近，其流風善政猶有存者，其法制猶可考也，故孟子對齊梁之君講王道，即以周道爲本。

王道以養民保民爲本，孟子對梁惠王齊宣王講王道，謂：首先要安定民生，使人民衣食豐足，「養生喪死無憾」，此爲「王道之始」，再進一步則爲：

「五畝之宅，樹之以桑，五十者可以衣帛矣；雞豚狗彘之畜，無失其時，七十者可以食肉矣；百畝之田，勿奪其時，數口之家，可以無饑矣；謹庠序之教，申之以孝悌之義，頒白者不負戴於道路矣；七十者衣帛食肉，黎民不饑不寒，然而不王者，未之有也」（梁惠王篇、盡心篇）。

論語子路篇，孔子講先富而後教。先富後教爲王政之步驟，孟子云「是故明君制民之產，必使仰足以事父母，俯足以畜妻子」（梁惠王篇），先使人民衣食充足，進而至於衣帛食肉，生活豐美，於是致力教化，宏揚禮義，人民樂於服從。孟子所講制民之產，爲自古傳至周朝之井田制度，其稅法爲周朝所行公田之助法，八家助耕公田百畝，公田之收穫卽爲賦稅。其教育以唐虞夏商一貫之人倫教育爲本，以周朝所定之「家有塾、黨有庠、州有序、國有學」，爲制度，（禮記學記）。——以上所述田法、稅法、教育，皆以周道爲本，孟子爲救時政之弊，屢屢言此三者之重要，此三者爲王政當急之務，

齊宣王問曰「王政可得聞歟」？孟子對曰：

『昔者文王之治岐也，耕者九一，仕者世祿，關市譏而不征，澤梁無禁，罪人不孥。老而無妻曰鰥，老而無夫曰寡，老而無子曰獨，幼而無父曰孤；此四者，天下之窮民而無告者，文王發政施仁，必先斯四者，詩云「哿矣富人，哀此煢獨」（小雅、正月）。』（梁惠王篇）。

孟子謂齊王如能效文王之仁政「使天下之仕者皆欲立於王之朝，耕者皆欲耕於王之野，商賈皆欲藏於王之市，行旅皆欲出於王之塗，天下之欲疾其君者，皆欲赴愬於王，其若是，孰能禦之」（梁惠王篇）。發政施仁，鰥寡孤獨皆得其養，則人民對在上者，仰之若父母，上下同心，全國一體，人民自然

皆有保障。商朝末年，密須侵周，文王伐之，「以篤周祜，以對于天下」（大雅皇矣章）；紂王無道，武王伐之，「一戎衣，天下大定」（尚書武成）。孟子勸齊王效法文武之德，「一怒而安天下之民」（梁惠王篇）。孟子尊堯舜之道，崇文武養民保民之功，「先聖後聖、其揆一也」（離婁篇）。

荀子崇先王法後王

孔孟上宗堯舜，下及文武，而未提後王之名詞，荀子則屢屢言及後王，謂：百王之道可以後王括之。楊倞云「後王、近時之王也」（非相篇注），王念孫云「後王指文武而言」，劉台拱云「後王、謂文武也，楊注非」。其實楊王二注皆是。周自東遷，王綱已墜，周王徒存其名、守位而已，並無賢明之王出現，劉氏謂「楊注非」者、蓋以爲荀子之時，周末近世之王如顯王、愼靚王等，皆碌碌無所表現，坐視諸侯侵伐而不敢過問，此類後王，有何可法？其實楊氏非不辨此，後王與先王對稱，皆指明君善政而言，如庸君敗政、有何可法？周道衰微，聖王不作，所法之後王（近時之君）、當然指文武而言，甚至成王之立政，宣王之中興亦在內也。荀子主張法後王，而未嘗不主張法先王，且其全書中十餘次言及後王，而稱述先王則有三十餘次，茲略舉其言云：

「人生而有欲，欲而不得，則不能無求，求而無度量分界，則不能不爭。爭則亂，亂則窮，先王惡其亂也，故制禮義以分之，以養人之欲，給人之求。使欲必不窮乎物，物必不屈於欲，兩者相持而長，是禮之所起也」（禮論）。

「古者先王審禮，以方皇周浹於天下，動無不當也。」（君道篇）——方皇猶彷徨也，周浹猶周匝也。言明理之人，走徧天下，無所不當也。

「先王之道，忠臣孝子之極也」。「先王案爲之立文，尊尊親親之義盡矣」（禮論）。

「夫貴爲天子，富有天下，是人情之所同欲也；然則從人之欲，則勢不能容，物不能贍也。故先王案爲之制禮義以分之，使有貴賤之等，長幼之差，智愚能不能之分，皆使人載（任）其事，而各得其宜，然後使穀祿多少厚薄之稱，是夫羣居和一之道也」（榮辱篇）。

「故不教而誅，則刑繁而邪不勝；教而不誅，則姦民不懲；誅而不賞，則勤勵之民不勸；誅賞而不類，則下疑俗險而百姓不一。故先王明禮義以壹之，致忠信以愛之，尚賢使能以次之（使衆人各就其序），爵服慶賞以申重之，時其事，輕其任，以調齊之，潢然兼覆之（潢、水盛大貌），養長之，如保赤子。若是、故姦邪不作盜賊不起，而化善者勸勉矣。是何耶？則其道易，其塞固（其充實於民心之信仰堅固），其政令一，其防表明（主義目標光明正大），故曰：上一則下一矣，上二則下二矣。譬之若草木枝葉、必類本，此之謂也」（富國篇）。

「彼先王之道也，一人之本也，善善惡惡之應也，治必由之，古今一也」（彊國篇）。

「凡言不合先王，不順禮義，謂之姦言，雖辯不聽」（非相篇）。

「不聞先王之遺言，不知學問之大也」（勸學篇）。

「儒者法先王，隆禮義」（儒效篇）。

綜合以上之大意，謂：先王達天德，明人情，「能經綸天下之大經，立天下之大本」（中庸），定人倫，制禮義，使人以理相應，以情相感，動無不當，各得其宜，羣居和一，同享共存共榮之樂。此大經大本，乃齊一人生之自然大道，乃古今不易之至理。先王聰明睿智，其「審禮」「立文」之至德要道，深矣遠矣！人世之學問未有大於此者，是以「儒者法先王，隆禮義」，崇禮義，即實行先王之道也。

先王之道，即人倫之教化，禮義之實踐，總可以禮括之。禮為古今不易之理，荀子既謂「儒者法先王」，其理由已如上述，然而又主張「法後王」，其理由為何？觀其言云：

「辨莫大於分（辨認正義、分別是非），分莫大於禮，禮莫大於聖王。聖王有百，吾孰法焉？故曰：文久而息，節族（奏）久而絕，守法數之有司極禮而褫（極、遠也，謂年代久遠也。褫、弛也）。故曰：欲觀聖王之跡，則於其粲然者矣，後王是也。彼後王者，天下之君也；舍後王而道上古，譬之是猶舍己之君，而事人之君也。故曰：欲觀千歲則數今日；欲知億萬，則審一二；欲知上世，則審周道；……故曰：以近知遠，以一知萬，以微知明，……古今一也，類不悖，雖久同理」（非相篇）。

「五帝之外無傳人，非無賢人也，久故也。五帝之中無傳政，非無善政也，久故也。禹湯有傳政而不若周之察也，非無善政也，久故也。傳者久則俞略，近則俞詳」（非相篇）。

「百王之道，後王是也。君子審後王之道，而論於百王之前，若端拜而議」（不苟篇）。

所謂「聖王有百」，指自古以來之聖王而言。王霸篇云：禮、法之大分，「百王之所同」，禮、法之樞要，「百王之所同」；正論篇云：征誅刑罰，「百王之所同」；禮論篇云：事生、送死，祭祀、師旅，「百王之所同」。先王順天理，體人情，制禮之大本，後王祖述而莫能外，所謂「其道出乎一」，「百王之道，一是矣」（儒效篇）。然先王距今已遠，禮之儀文年久而息，禮之細節時久而變；後王承先王之緒，因時制宜，興利除弊，一切行事，代有改革，其所損所益，總以應時適宜為度。先王之史中，無後王所增之美；而後王之迹中，卻保有先王所傳之善；故曰後王之道、燦然備矣！且五帝之美政被後王變化襲用，年代既遠，後世只見後王之美，而不復追及五帝。夏商之政，尚有傳至周朝者，因年代較近，「近則愈詳」，故「刑名從商」（正名篇）。魯國之禮樂為虞夏商周四代之綜合（禮記、明堂位），周之文獻較詳，故曰「欲知上世，則審周道」，由後王之所施，可推知先王之統類。又後王應時所制之新法，改變往代之舊貫，應時之新法切合當前之所需，往代之舊貫已與現實脫節。後王集百王之大成，故曰「百王之道，後王是也」，若審知後王之道，而以此類推，由近而遠，溯及前王，以一知萬，事理相通，可以從容而論今古之略矣！此荀子所以主張法後王也。此外，荀子之主張法後王，尚有另一原因，其言云：

有俗儒者「略法先王而足亂世，術繆學雜，不知法後王而一制度，不知隆禮義而殺詩書；其衣冠行為已同於世俗矣，然而不知惡者，其言議談說已無以異於墨子矣，然而明不能別；呼先王以欺愚者而求衣食焉，得委積足以揜其口，則揚揚如也。隨其長子（鉅子），事其便辟，與其上客，傀然若終身之虜，而不敢有他志；是俗儒者也」（儒效篇）。

「王者之制，道不過三代，法不貳後王。道過三代謂之蕩，法貳後王謂之不雅」（王制篇）。

戰國之世，學說競起，儒墨兩家最盛，呂覽尊師篇云「孔墨弟子，充滿天下」，韓非謂儒墨爲當時之「顯學」；然兩家之後學，多失其眞，故「儒分爲八，墨分爲三」（韓非子顯學篇）。就儒者而言：如荀子所言之俗儒，口誦先王之道，而不識其大義，只粗法先王之遺言，而術繆學雜，足以亂世，泥古而不通今，不能述後王之美而有所建白，不能應當時之需而立制度，其虛僞行爲，已庸俗之至，而不自覺；其言論談說，已失卻正鵠，而不自知；徒假先王之言以欺愚者，而求衣食，得所收穫，足以餬口，則揚揚得意而自我陶醉。如時機得遂，則追隨顯貴，參與其便嬖與上客之列，安然作終身之奴，如此已足，而不敢有其他希求。此種俗儒，假先王之言，冒儒者之名，流爲游說鑽營之食客，此與非十二子篇所云「禹行而舜趨」，虛飾外表，「無廉恥而嗜飲食」之賤儒，皆爲誣先王亂儒術之敗類，然而其儒服儒冠，自命爲明先王之道者以欺世。當時法家之反對儒家，亦爲此類俗儒所引起，韓非子云：

「擧先王言仁義者盈庭，而政不免於亂」（五蠹篇）。「今世儒者之說人主，不言今之所以爲治，而語已治之功；不審官法之事，不察姦邪之情，而皆道上古之傳，譽先王之成功。儒者飾辭曰「聽吾言，則可以霸王」，此說者之巫祝，有度之主不受也。故明主擧實事，去無用，不道仁義故，不聽學者之言」（顯學篇）。

韓非所詆之儒者、學者，即荀子所斥之俗儒，俗儒不能代表儒家；故荀子一面斥俗儒之賤行，一面斥其泥拘固陋，知先王而不知後王，「識其一，不知其二」（莊子天地篇引孔子語）。「不知法後王而一制度」，舍近而騖遠，不合時宜。道過三代，則蕩然曠遠而失依據；法二後王，則迷失正路而入歧途；俗儒空談先王，言無壇宇，非眞儒也。

結語

先王順天理依人情，所定之倫理紀綱，荀子簡稱之曰禮，此人生之根本法則，故曲禮云「人有禮則安，無禮則危」；荀子云「國之命在禮」（彊國篇）；禮運云「壞國、喪家、亡身，必先去其禮」；以禮修身，以禮齊家，以禮治國，以禮奠定天下之和平，此卽儒家所弘揚之先王之道；自有史以來，先王後王一貫相承，以達盛世之治，惟人羣日夥，世事日繁，禮之定義不變，而實行之方，則因時制宜，不能泥古。蓋構木爲巢以棲身，與築室立宅以定居，其義一也，然有巢氏之術，不行於宮殿樓閣之世；蕢桴土鼓，與播鼗擊磬，其義一也，然葛天氏之樂，不行於琴瑟笙管之朝；以此類推，則男女野合之風，不行婚姻有制之世；堯舜揖讓之德，不適於湯武征誅之時，新法既興，舊法乃廢，舊法年遠，其效已失；新法時近，其道猶存；既有冠裳，不必效衣葉之俗；既有文字，不必復結繩之政；生乎今世而欲返古，只可作消遣之遐想而已。

俗儒舍後王而慕皇古，與歷史脫節，空談先王之德，不識當急之務，固無補於濟時之策，然韓非謂「言先王之仁義，無益於治」（顯學篇），李斯謂：秦之強「非以仁義爲之也」（荀子議兵篇），法家詆娸俗儒，乃將仁義與先王之道一并擯棄之，舍本逐末，與人情判離，故荀子斥李斯云「今汝不求之於本，而索之於末，此世之所以亂也」（議兵篇）。

法家謂「舉先生言仁義者盈廷，而政不免於亂」，是謂俗儒足以誤國也；荀子則謂法家拋棄仁義，「此世之所以亂也」；誤國與亂世，一則輕忽後王，一則蔑視先王，其偏謬之害、一也。故先王之道不可不尊，後王之法不可不從，荀子主張崇先王法後王，乃本末兼賅，今古統一，道術並重之正論也。

附記：荀子稱先王見於各篇者——勸學二、榮辱三、非相一、非十二子三、儒效二、王制一、富國三、君道一、彊國一、禮論三、樂論九、解蔽一、性惡一、君子一、大略一、宥坐一、共三十四則。後王見於各篇者——不苟一、非相二、儒效三、王制二、正名三、成相一、共十二則。

八、王　霸

孔孟稱頌先王之道，荀子依先王前後之次序，分爲先王後王，無論先王後王，皆指聖君明王而言。先王後王領導羣倫、御世安民之德化治術，簡稱曰王道。洪範云「王道蕩蕩」，「王道正直」，王道爲自天子以至於庶人，修己安人，上下一體，同心同德，至高無上之人生大道，儒家即專誠弘揚此道者。帝王在上位，爲人民之表率，「堯舜帥天下以仁，而民從之；桀紂帥天下以暴，而民從之」（大學），諺云「人隨王法，草隨風」，社會之治亂，國運之盛衰，其樞機全操於在上位者之手中，故儒家論政治講王道，以在上位者爲對象。

孔子云「古之爲政，愛人爲大；所以治愛人，禮爲大」（禮記哀公問篇）；王道以愛民爲本，以仁政治天下，然人情複雜，事故多端，必須齊之以禮，方能作到愛民之政治。故彰善癉惡，除暴安良，保障人羣，安定民生，使天下悅服，方可稱爲王道；是以孟子云「天下不心服而王者，未之有也」（離婁篇），荀子云「天下歸之，謂之王」（王霸篇、正論篇皆有此語）。王道爲治天下無上之大道，儒家之政治主張以王道爲宗，經典中闡明其義甚詳，而對霸道則罕言之，世俗謂恃勢逞強者爲霸，此非霸道之原義也。荀子分析王霸、著王霸篇，與孔孟所言相同，英明之君始能稱霸，霸道僅次於王道而已。

儒家不反對霸道

齊宣王問曰「齊桓晉文之事，可得聞乎」？孟子對曰「仲尼之徒，無道桓文之事者，是以後世無傳焉，臣未之聞也」（梁惠王篇）；荀子亦云「仲尼之門，五尺之豎子，言羞稱五霸」（仲尼篇）；孟荀之言，豈果然乎？孔子云「齊桓公正而不譎」，又云「桓公九合諸侯，不以兵車，管仲之力也，如其仁、如其仁」！又云「管仲相桓公，霸諸侯，一匡天下，民到於今受其賜」（論語憲問篇）。可見孔子不但曾道桓文之事，而且贊美桓公之功；孔子不輕易以仁許人，而對桓公之霸諸侯，一匡天下，獨稱頌之、曰「如其仁！如其仁」！

公羊傳稱：王道「大一統」，天下統一，始得太平。春秋之世，列國紛爭，戎狄爲患，周室無力統御，桓公治齊，富強甲天下，而志在濟世，不以爭天下爲務，故尊重法統，擁護周室，攘除外患。周襄王之弟王子帶（襄王之後母惠后所生）、連戎翟以寇周，桓公命管仲勤王平戎，嗣後戎仍侵周，桓公徵諸侯之師以衞周（左傳僖公十六年），乃至平宋之亂（莊公十三年），伐狄救邢（閔公元年），伐山戎救燕（僖公十年，與史記齊世家相參照），桓公霸業既成，乃聯合諸侯會於北杏、會於鄄、會於幽、會於柯、會於召陵、會於葵丘（見左傳莊公十三年至僖公十七年），桓公自述其事云：

寡人南伐至召陵，望熊耳山（召陵在今河南郾城縣、熊耳山在河南盧氏縣）；北伐山戎、離枝、孤竹（山戎即匈奴，離枝即令支，今河北遷安縣，孤竹今河北盧龍縣等處）；西伐大夏、涉流沙（大夏今陝西西北、寧夏東南等地，流沙今甘肅張掖一帶）；束馬懸車，登太行山至卑耳山而還（卑耳在山西平陸縣），諸侯莫違寡人，寡人兵車之會三，乘車之會六「九合諸侯，一匡天下」（史記齊世家）。

時周室衰微，諸侯爭雄，破壞綱紀，內亂擾攘，外夷入侵，桓公乃起而尊周攘夷，興師問罪，南征北伐，以遏亂流，會合諸侯，聯盟結好，歸於一統，在位四十二年，由治國而一匡天下，不作爭取帝位之想，弭戰禍而安蒼生，其德澤延及後世，故孔子稱之曰「正而不譎」，「民到於今受其賜」，「如其仁！如其仁」！

孟子亦贊美桓公之功業云『五霸桓公爲盛，葵丘之會諸侯，束牲載書，而不歃血，初命曰「誅不孝，無易樹子，無以妾爲妻」。再命曰「尊賢育才，以彰有德」。三命曰「敬老慈幼，無忘賓旅」。四命曰「士無世官，官事無攝，取士必得，無專殺大夫」。五命曰「無曲防，無遏糴，無有封而不告」。曰「凡我同盟之人，既盟之後，言歸于好」。今之諸侯，皆犯此五禁，故曰：今之諸侯，五霸之罪人也」。（告子篇）。

古時諸侯爲盟以示信，殺牛飲血以爲誓，意謂：如有違背盟誓者，比之如此牛，大家共同誅之，飲其血以解忿。歃血即飲血也，牛血貯於皿內，主盟者用牛耳舀血分注於諸盤中，諸侯宣誓時，各取一般飲之，故稱盟主曰執牛耳者。「載書」即記載誓言之書，亦即盟書（見左傳襄公九年）。任何典禮皆重誠敬，儀式雖隆重，如無誠敬，虛作形式，有何意義？桓公會諸侯，盟于葵丘（在今河南東仁縣），只以繩索束牲，以示殺意，具備盟書，而不歃血，儀式雖簡，而處事認眞，盟書之條約嚴正，原文見告子篇：第一條、因不能齊家便不能治國，諸侯當篤行家庭倫理之道。第二條、爲崇德尙賢，培育人才。第三條、爲篤行社會倫理，發揚博愛之德。第四條、爲任官惟賢才，士族功臣之子弟未必賢，故官職不可世襲；一官惟治一事，不可兼代。選用人才，必得其當，不可以私心之好惡爲取舍。大夫有罪，諸侯不得專殺，必呈報天子，審定其罪狀，而後處理。第五條、「無曲防」，不得曲築堤防，或阻止鄰國之水利，或迫洪流注入鄰國。「無遏糴」，鄰國歲歉，不要遏止食糧出賣。「無有封而不告」，諸侯封大夫食邑，必須報告天子，不得私相授受。凡同盟之邦，皆必守此五項公約，主義相同，政策一致，互相勗勉，以敦友好。——五霸皆爲英明之君，簡述其事如下：

公理必須有強權作後盾，當時齊國之富強甲於天下，諸侯唯桓公之馬首是瞻，桓公尊周攘夷之主張，爲當時名正言順之公理，故諸侯莫敢違。在桓公稱霸之下，諸侯未有敢作無理戰爭者，故當時聯盟之誓言已超過互不侵犯之條約，乃進而爲整頓倫理，修明政治，敦睦邦交之聯合公約。試看前段所述之五項公約，如篤行而實踐，豈非如孟子所謂「王道之始」乎！

晉文公納趙衰之言，亦效齊桓公尊周攘夷之霸業，周襄王十六年，王子帶母子引翟寇侵周，襄王出奔，晉文公出兵擊翟，迎王歸周，擒王子帶而誅之。時楚國已強大，稱雄於南方，伐隨、伐黃、伐蔡、滅鄧、滅英、威勢已達北方，周襄王二十年，楚伐宋，文公率諸侯救宋，敗楚師於城濮（在今山東濮縣南），楚將子玉因戰敗而死。孔子贊美文公「既知一時之權，又知萬世之利」（韓非子難一篇）。文公正式在位僅七年，其霸業無齊桓之悠久，故次於齊桓。

秦穆公廣招四方賢才而任用之，親自將兵以戰敵國。晉饑，秦輸之粟；秦饑，晉惠公禁以粟輸秦；既而晉又饑，秦穆公又餽之粟，曰「吾怨其君，而矜其民」也！（左傳僖公十五年）尚書秦誓篇，記穆公悔過之言，公羊傳文公十二年，稱穆公善變之賢。穆公在位三十八年，「益國十二，開地千里，遂霸西戎」（史記秦世家）。

楚莊王治兵圖強，威震中原，問鼎於周室，定王使王孫滿曉之以大義，莊王馴服，引師而還。周定王八年，陳大夫夏徵舒弒其君靈公，莊王舉兵討之，誅夏徵舒、以聲其罪。定王十年，楚伐鄭，鄭伯肉袒牽羊以迎，莊王曰「其君能下人，必能信用其民，庸可絕乎」！遂退兵。宋殺楚使，楚圍宋，五月不下，城中食絕民困，宋大夫華元夜出城，以苦況告莊王，莊王曰「君子哉」！遂罷兵去。（以上俱見左傳及史記楚世家）。

宋襄公修行仁義，勵志圖強。周有翟難，襄公助齊桓公協防周室。桓公卒，孌臣易牙豎刁擅權，殺羣吏，立公子無詭為君，太子昭奔宋，襄公率諸侯兵送太子昭復國，齊人恐，殺無詭，將立太子昭，四公子之徒反對，攻太子，宋兵擊敗之，遂立太子昭，是為齊孝公。宋國既強，襄公十二年，會諸侯爲鹿上之盟（鹿上在今安徽阜陽縣南），楚成王嫉之，次年楚與宋戰於泓（今河南柘城縣北），宋師敗，襄公傷足，竟以此而卒（史記宋世家）。

五霸齊桓晉文爲盛，其餘秦穆楚莊皆有弘達之度，故能善御其衆而強其國，稱霸於當時。宋乃小國，襄公在國際間霸業雖未完成，而能善治其國，以正義與列強相抗衡，史書稱其爲有禮讓之君，亦非凡庸可比也。

如上所述，可見五霸之君，皆爲英明有爲之主，其霸業震鑠於當時，孔孟皆贊美齊桓之功烈，荀子強國篇謂：霸者「重法愛民」；仲尼篇稱：齊桓有大節有大智。然孟子爲何又謂仲尼之徒不談桓文之事？荀子爲何又謂仲尼之門、五尺豎子羞稱五霸？曰：此不可斷章取義以作解說！此皆有所爲而言，此當就其發言之用意以明其宗旨也。蓋齊宣王之時，齊國霸業之餘威猶存，宣王之志，只在恢復齊之霸業，故以桓文之事問孟子，諺云「取法乎上，僅得乎中」，儒家不卑視霸道，然而以霸道次於王道，孟子願宣王進一步，放大眼光，以王道爲目標，即未必能成王業，然霸業可期也，是以故意不談霸道，謂仲尼之徒不傳桓文之事，其用意在超出霸道主義，而陳述王道政治，以開導宣王向上之志，以成治平之功。

齊國在春秋時，有桓公四十三年之霸業；在戰國時，有威王四十六年之霸業；前後映輝。宣王爲威王之子，承前人霸業之基礎，如肯從孟子之言，實行王政，則可由霸而進於王；而宣王不此之圖，徒恃先人之餘威，以務強盛之虛名，周旋於秦楚之間，時而附秦，時而附楚，兩度伐燕，皆自取辱。

宣王卒，其子湣王繼其作風，更形粗獷，旣與楚韓約爲友邦，又聯韓魏以伐楚，又聯韓魏趙宋同伐秦，又聯合楚魏以滅宋；滅宋之後又南侵楚，西侵三晉，窮兵黷武，與諸侯結怨，如此猖狂三十年，結果、燕昭王爲報齊宣王殺父之仇，用樂毅連合秦魏韓趙之師伐齊，湣王竟落得國亡身死之禍。

五霸雖爲功利思想，然而猶假仁義以行事，齊湣王則徒慕霸者之雄武，欲以鎭服諸侯，故致敗亡之禍。齊國已有霸者之基，宣王爲中等之主，若能實行王道，定可保邦安民，以達盛治。中等之主，不謀自強，而徒慕霸者以武功揚威天下，不自量力，所謂「畫虎不成，反類狗」，必歸失敗，孟子對齊宣王所以不談桓文之事者，蓋亦有此意歟？

聖君賢臣以身作則，以施教化，故「國奢則示之以儉，國儉則示之以禮」（檀弓篇下），上行下效，不敢失度，管仲「鏤簋朱紘，山節藻梲」（禮記禮器篇），生活富華，擬於國君，因其功勳喧赫，故「齊人不以爲侈」（史記管晏列傳）；「桓公好內，多內寵，如夫人者六人」（史記齊世家），般樂奢侈；以責賢之義而言，管仲桓公皆失儉德，故孔子謂「管仲之器小哉」（論語八佾篇）；荀子謂仲尼之門羞稱五霸；以桓公管仲功業之隆，生活奢侈，亦爲慚德；然小疵不足以掩大德，故孔子稱管仲爲仁，荀子稱桓公有大節有大智，贊美桓公「九合諸侯，一匡天下」之功（仲尼篇王霸篇）。春秋大義，責備賢者，有桓公管仲之功烈，猶不可奢侈，以示庸碌之君臣，誤國殃民，安享尊榮，罪大惡極也。

王霸並稱

禮記經解云「發號出令而民悅，謂之和；上下相親，謂之仁；民不求其所欲而得之，謂之信；除去天地之害，謂之義。義與信，和與仁，霸王之器也」。一切政令使人民悅服，則上下和睦，此之謂仁政。民之所欲不須勞心營求，而政府興利除弊，爲之措施周到，使人皆得其所欲，是以人民絕對信仰政府。政府愛護人民如保赤子，故凡有害於民者，必爲之剷除，使人民生活咸得其宜，此之謂行義。欲善其事，必利其器，義與信，和與仁，霸王創業之利器也。就其功業成績所顯程度之高下，領域之廣狹，而有王霸之分。

孟子云「霸者之民，驩虞如也；王者之民，皞皞如也」（盡心篇）。政治修明，國家富強，人民安樂，如登春臺，故云驩娛如也。帝德緝熙，光被四表，其澤若時雨，其化如春風，不言而民信，不賞而民勸，人人感到在光天化日之下，廣大自在，故曰皞皞如也。——勵精圖治，政通人和，內無憂患，外無敢侮，人民安居樂業，此之謂能治其國，國家強盛方有力量問天下事，睿智勇武，正大光明，方能主持天下和平，此齊桓公一匡天下，霸業之表現。既爲羣邦之伯，再接再厲，爲天下之表帥，則天下人心向慕，崇其德化，此卽成爲王業。

以上所述，按功業成就之程度而言，由富強而達於盛治；按領域之廣狹而言，由治國而達於平天下；此卽霸王之業，故陳代云「大則以王，小則以霸」（孟子滕文公篇）。荀子亦王霸並論，君道篇謂：人君欲強國安民，必用良相，所用之相，「既智且仁，是人君之寶也，而王霸之佐也」。王霸篇云：治國者、其所用之人皆義士，其所施之政皆義法，「如是，則下仰上以義矣，是基定也；基定而國定，國定而天下定」；所謂「能治近，則遠者理」，不能治近則不能治遠，亦卽言不能治國，則不能平天下，亦卽言不能霸，則不能王，霸業乃王業之基也。

王霸之辨

孔子云「天下有道，則禮樂征伐自天子出；天下無道，則禮樂征伐自諸侯出」（論語季氏篇）。孔子此言之本意，只在說：天下有道，天子當權，天下無道，諸侯當權；爰藉此言以作王霸之解釋。王天下，大一統，所謂「天下有道」，卽天下太平，上下各盡其道，此乃天下之元首（天子）領導有方而然。元首聖明，萬民擁戴，其官屬分掌各職，皆爲賢才，故禮樂政教由天子制定，以期道同風一，天下諧和；天子負治天下之大任，如有諸侯亂國，蠻夷擾邊，則天子伐暴除亂以振天威，以施仁德，此王者之作爲。天子如庸弱而不稱職，則綱紀廢弛，天下紛亂，此時諸侯之英明者、自治其國既有餘力，乃出而聯合諸侯，訂立盟約，抑強扶弱，以遏禍亂，此卽所謂禮樂征伐自諸侯出。並非因諸侯征伐天下始無道，而乃天下無道，大有爲之諸侯不忍坐視，始起而執行征伐，以止戰亂，此以義興師也，此霸者之作爲。

總上所述，一則文治武德，平治天下，一則威鎭羣雄，主持和平，猶如孟子所云「以力假仁者霸，以德行仁者王」（公孫丑篇）。武力強大而又以仁義號召，名正言順以行事，便成爲諸侯之霸主。以道德施行仁政，福惠蒼生，得衆心之愛戴，便成爲天下之明王。此王霸功業之辨。

孟子曰「堯舜性之也，湯武身之也，五霸假之也；久假而不歸，惡知其非有也」（盡心篇）。王道必本乎仁義，帝堯克明俊德，帝舜濬哲溫恭，生當淸平之世，其處仁行義，揖讓相遜，出乎天性之自然，順乎境遇之常道，所謂由本然之心，當然之理而行仁義，非故意有所爲而行仁義也（孟子離婁篇云：由仁義行，非行仁義也）。成湯命羅者網開三面，澤及禽獸；武王扇暍人於樹下，恩及死者（帝王世紀）；仁心仁行，天下聞知，而不得不作革命殺伐之擧；蓋生當非常時期，對暴君之虐政，人民之疾苦，體會痛切，不用武力不能除當時之大患，故成湯放桀，不顧來世之口實；武王伐紂，忍受夷齊之誹責；爲救大衆之苦難，不慮自身之榮辱，故一怒而安天下之民，完成仁義之行，惟憑仁義之心。

昔人嘗謂霸者爲功利思想。假若思想只爲個人之功利，固無足取。然而春秋霸者乃爲國家爭功利；當時列國紛爭，「諸侯相滅，桓公恥之」（左傳），爲主持和平統一，故尊周攘夷，抑強扶弱，以息天下之戰亂，此固爲霸國之榮譽，而實亦有利於天下，有利於天下，便合於仁義。至若謂其內心志在功利，外表假借仁義，以功利之心行仁義之事，所行之仁義雖非出自誠心，而仁義之表現確有其眞實之事功。孟子謂「春秋無義戰」（盡心篇），卽謂霸者之假借仁義不得謂仁義。然而齊桓晉文之尊周統一，伐戎擊翟，安內攘外，能謂非義戰乎？故孔子贊美齊桓管仲之仁。假仁義之名而行仁義之事，猶如借他人之器具爲我所用，「久假而不歸」，卽等於我所有矣。仁義並無二致，惟因王者以仁義之心行仁義，霸者以功利之心行仁義，故孟子有褒貶之辭，此王霸心迹之辨。

荀子對王霸之才德作分析云「臣諸侯者王，友諸侯者霸」（王制篇）。德足服衆，才足濟世，才德至高，足使諸侯臣服者、則爲王；其次、才德足與諸侯相等，且能互相友善，更能力行自強、則成霸。君子篇云「論法聖王，則知所貴矣；以義制事，則知所利矣；論知所貴，則知所養矣（養、取也，謂取法也）；事知所利，則動知所出矣（取、從也）；二者是非之本，得失之原也。故成王之於周公也，無所往而不聽，知所貴也。桓公之於管仲也，國事無所往而不用，知所利也。吳有伍子胥而不能用，國至於亡，背道失賢也。故尊聖者王，貴賢者霸，慢賢者亡，古今一也」。王者天賦之才德雖高，然必須效法聖王，始能建立王業；霸者雖亦不凡之才，然必須任用賢者，始能成其霸業。王霸自身雖賢，然必須得賢臣爲輔，始克成功，故曰「道王者之法，與王者之人爲之，則亦王；道霸者之法，與霸者之人爲之，則亦霸；道亡國之法，與亡國之人爲之，則亦亡」（王霸篇）。故得其人「則身佚而國治，功大而名美，上可以王，下可以霸」（君道篇）。

荀子對王霸之方略作分析云「隆禮尊賢而王，重法愛民而霸」（彊國、天論、大略各篇皆有此語）。崇尙禮義，尊敬賢能，爲王道之要略；法令嚴明，愛護人民，爲霸道之先務。「修禮者王，爲政者強」（王制篇。強卽指霸者而言）。王者重在隆禮義以化民，霸者重在修政治以強國。「王者富民，霸者富士，僅存之國富大夫，亡國富筐篋、實府庫。筐篋已富，府庫已實，而百姓貧；夫是之謂上溢而下漏；入不可以守，出不可以戰，則傾覆滅亡，可立而待也。故我聚之以亡，敵得之以強。聚斂者、召寇肥敵，亡國危身之道也，故明君不蹈也」（王制篇）。王者富足人民，使人民安居樂業；霸者富足士卒，使士卒勇於戰陣；僅存之國，其君只顧目前拉攏官吏，誘以財富，維持現狀，如此而危機日甚，及至朝不保夕，則上下各自積極搜括，充實筐篋府庫，以作失權喪位後事之準備，如此正所以自促滅亡，豈知政權敗亡，淪爲罪徒，所聚之貨財，無法保持，正所以資敵招寇危身而已；故聚斂營私、爲明君之大忌。——「義立而王，信立而霸」（王霸篇），荀子曾舉例言之云：

「湯以亳，武王以鄗，皆百里之地也，天下爲一，諸侯爲臣，通達之屬，莫不從服，無他故焉，以濟義矣，（濟當作齊；上文云「以國齊義」，齊、整飭也，治也，言全國一律遵義而行也），是所謂義立而王也」。

「德雖未至也，義雖未濟也，然而天下之理略奏矣（奏、節奏也，言對天下之事理大致能掌其節要），刑賞已諾信乎天下矣，臣下曉然皆知其可要也（要約不欺），政令已陳，雖覩利敗，不欺其民；約結已定，雖覩利敗，不欺其與（友邦）；如是、則兵勁城固，敵國畏之；國一綦明（綦、極也，標準也），與國修之；雖在僻陋之國，威動天下，五伯是也。非本政教也，非致隆高也，非綦文理也（綦、基也，文與理皆指禮而言），非服人之心也，鄉方略（所向惟在方略），審勞佚，謹畜積，修戰備，齺然（齒相迎貌）上下相信，故齊桓晉文楚莊吳闔閭越勾踐，是皆僻陋之國也，威動天下，強殆中國，無他故焉，略信也（其強能危中國，因其大略在乎立信），是所謂信立而霸也」（王霸篇）。

王制篇云：霸者、闢田野，實倉廩，便備用，募選材伎之士，以慶賞鼓勵之，以刑罰糾正之，存亡繼絕，衞弱禁暴，而無兼并之心，則諸侯親之矣；修友敵之道（敵謂勢力相等之國），以敬接諸侯，則諸侯悅之矣；是知霸道者也。——「王者、仁眇天下（眇、高遠也），義眇天下，威眇天下。仁眇天下，故天下莫不親也。義眇天下，故天下莫不貴也。威眇天下，故天下莫敢敵也。以不敵之威，輔服人之道，故不戰而勝，不攻而得，甲兵不勞而天下服，是知王道者也」。

總上所述王霸之辨，由功業成就而言，程度有高下之別，而主要者在乎道德與功利之別，即孟子所說「以德行仁者王，以力假仁者霸」（公孫丑篇），王道「無爲」，以道德之心行仁義之事，所謂「安而行之」者也；霸道「有爲」，以功利之心行仁義之事，所謂「利而行之」者也。功、爲功績，功績有利於世，故稱功利；立功爲不朽之盛事，仁義之結果，功利在內，如無功利，則仁義豈不落空？故無論「安而行之」，或「利而行之」，「及其成功、一也」（中庸）。惟儒家對人生問題，由啓發理性作根本之解決，孔子曰「仁者、人也」（中庸），孟子云「仁、人心也」（告子篇），仁爲天賦作人之道，仁由天理自然之良心而發，故凡事本乎仁心即無不當，儒家處事以仁爲出發點，以道德作決定。凡事惟求良心所安，不偏重功利；若處事只顧功利，則易於忽略道德。有人據孟荀之言，謂孔門不談五霸，因霸者爲功利主義，爲聖人所不取。然霸者假仁義以行事，並不悖乎仁義，其益世之功與王道一致，故儒家標舉王道，而並不反對霸道，禮記表記云「至（仁）道以王，義道以霸」，「仁從中出，義從外作」（管子戒篇），王者之仁由內心之自然而發，霸者之義順外事之當然而作，然仁義之實、其功德一也。荀子云「尊聖者王，貴賢者霸」（君子篇）；然則王霸僅一間之差耳，旣謂王者可尊，則霸者豈不可貴！

荀子對霸道之稱述

聖王之道簡稱曰王道；聖人爲人類之師範，儒家以王道爲至上，故其所講修齊治平之道，上自天子下至庶人，必以王道爲宗。對於霸道，雖置之於王道之下，然並非不重視。孟荀謂孔門不談五霸，乃有所爲而言，不可斷章取義，謂儒家卑視霸者，王者爲聖，霸者爲賢，聖君當尊，賢君寧不可貴？試看荀子稱道霸者云：

「夫齊桓公有天下之大節焉，夫孰能亡之！ 然（安然不疑）見管仲之能足以託國也，是天下之大智也。安忘其怒，出忘其讎，（安猶內也，出猶外也），遂立以爲仲父，是天下之大決也（處事決斷得當）。……其霸也宜哉」！（仲尼篇）。

王制篇謂：霸者存亡繼絕，衞弱禁暴，而無兼併之心，故諸侯親之、悅之。王霸篇云「信立而霸」，謂霸者不欺民，不欺友邦，故能建立信仰，威振天下。

議兵篇：荀子與臨武君議兵，荀子謂：凡用兵攻戰之本在乎壹民，故善附民者乃善兵者。「壹民」亦卽所謂「齊民」，言軍事政事統一，軍民一體，齊心協力，爲國敵愾，故「民齊者強，民不齊者弱」。此所謂齊，亦卽孟子所謂「人和」，和睦方能齊心。齊之田單、楚之莊蹻秦之衞鞅、燕之繆蟣，是皆世俗所謂善用兵也，然而未及和齊，徒以權謀相傾軋，皆盜兵也。「齊桓晉文楚莊吳闔閭越勾踐，是皆和齊之兵也，可謂入其域矣」（入於王師之域）。

以上所述：荀子贊美齊桓公有大節、有大智、有大決，故能作諸侯之盟主。霸者非僅自強其國而已也，並且主持天下和平，「衞弱禁暴」，既無侵略之心，亦無兼併之志，是以諸侯皆與之友善，而敬其威信。其用兵無敵，並非恃權謀機詐以取勝，孔子云「上好禮，則民易使也」，「上好義，則民莫敢不服，上好信，則民莫敢不用情」（論語憲問篇、子路篇），晉文公曰「信、國之寶也，民之所庇也」（左傳僖公二十五年）。霸者之禮義敎化、雖未達到王者之程度，然其重信誼，修政治，故其人民「驩虞如也」，全國一體，軍民協力，此卽所謂「和齊」之兵，齊桓晉文之兵強天下，胥由此也。荀子謂「和齊」之兵，已進入王道之域，可見霸道已近乎王道。

結語

儒家以霸道僅次於王道，王者心存仁義以行事，霸者假借仁義以立功，王霸相比，只是心迹之別而已。荀子將治術分爲三等，謂「義立而王，信立而霸，權謀立而亡」（王霸篇），又云「人君者、隆禮尊賢而王，重法愛民而霸，好利多詐而危，權謀傾覆幽險而亡」（彊國篇）。自古一治一亂，當局者營私貪利，利令智昏，故用詐術以衞持其政權，岌岌可危，迷而不悟，上行下效，權利鬥爭，互相傾軋，是以政治黑暗，社會險惡，內亂外患乘時而起，能不亡乎？變亂之起，朝代之亡，大抵因此。王者隆禮尊賢，人心向化；霸者重法愛民，政治修明；王者之仁風，化及八荒；霸者之威信，鎮定四海；濟濟羣民，生當亂世，不敢依理想之希求「有王者興」，倘有霸者出而「衞弱禁暴」，救民水火，亦頂禮感戴，功德無量矣。

吾師熊十力先生云：齊桓領導諸夏，以成霸功，四夷率服，亡者得存，危者得安，春秋大其功，以爲王者之事（春秋繁露王道篇有此語）。齊桓先修內治（參考國語齊語及管子），而始爲北杏之會，以禮讓結合諸夏之國，此桓公霸業所由立也。桓公既歿，而晉文嗣霸，諸夏賴以安者數世。夫霸之爲霸，約有六義：一、修內政以勤遠略。內政不修，禍起蕭牆，豈能談及遠略：不勤遠略，閉關自守，苟且偷安，外患發生則無法支持，故修內勤遠、二者相互相因。二、依禮讓以固盟好。霸者之志，在攘斥夷狄兇狡之行，故與諸夏列國，互修盟好，其所以能聯合團結者，以能禮讓相交故也。三、重民意而修武備。如管仲治齊，實行地方自治（管子小匡篇、權修篇），尊重民權，並設立民意機關，名曰「嘖室之議」（小稱篇、小問篇、桓公問篇）。管仲精練三軍，「動如雷霆，發如風雨」，又且作內政而寄軍令，寓兵於農，全國皆兵，民間皆有自衞之武力。雖然武力強大，而反對侵略主義，故曰「成功立事，必順於禮義，故不禮不勝天下，不義不勝人」（七法篇、爲兵之數）。四、矯迂緩而佑法治。王道末流，未免迂緩，迂緩則弊端叢生，故魯國徒存周禮，而其後不振。霸道非背於王道，而「寬猛相濟」（左傳昭公二十年），以法治救迂緩之失。五、保護弱小，抗拒侵略。霸者謀天下和平，故保護弱國，齊桓伐狄救邢，晉文擊楚救宋，弱小之國，皆賴以安，天下顯文明之象。六、崇仁義而擯野蠻。夷狄兇殘不仁，狡詐無恥，霸者強行仁義，維持人道，打擊野蠻，洵足尚也。——綜上六義，霸者之道也（讀經示要卷三）。

總上所述，可見霸道雖次於王道，亦洵足尚矣！雖謂其以力假仁，志在功利，然其功利非私人之功利，「重法愛民」，「衞弱禁暴」，由一國之功利，擴大而爲天下之功利，天下之功利，卽王道仁義之目的也。雖云王者之崇尚仁義，發自內心，乃安而行之者；霸者之假借仁義，只重外迹，乃利而行之者；然其仁義實現之功德則一也。今天下邪說橫行，大難方殷，強大之國，各懷野心，施行侵略，製造戰亂，致使全世界杌隉恐怖，浩劫瀰漫，安得有齊桓晉文起而率領義兵「衞弱禁暴」，主持和平，以救天下之蒼生也哉！

九、議　兵

儒家講至上之功業爲治國平天下，治國必須強兵，方能安內攘外，保邦衞民；平天下尤須強兵，方能抑強扶弱，主持和平。故孔子言爲政之要領、曰「足食足兵」（論語顏淵篇）。又云「善人教民七年，亦可以卽戎矣」。又云「以不教民戰，是謂棄之」（子路篇）。善人爲政，教民以孝弟忠信，修其德行；教民以攻守戰術，習於武勇；如此七年之教導，人民忠於國家，明了戰陣，則全國皆兵，武備充實，此長治久安之策也。若素日對人民，不作明恥教戰之教練，一旦有外患或內亂發生，而遽然征兵應戰，必然失敗，豈非等於棄人民於死地乎？管子云「兵者、外以誅暴，內以禁邪」，此國家之干城，人羣之保障也。兵強卽國強也，故孔子重之。

儒家政教合一，學校課業、有干戈射御之敎；社會教育、於農暇習武，有鄉射之比賽，使人民皆有保國安家之能。雖注重軍事，然反對侵略戰爭，故曰「兵戎不起，不可從我始」（禮記月令）。用兵之旨在除暴安良，禁侮捍患，若窮兵黷武，逞強好戰，「是樂於殺人者也」（老子語），此儒家所痛惡者也，故孟子曰「善戰者服上刑」，又曰『今之事君者、曰「我能爲君約與國，戰必克」，今之所謂良臣，古之所謂民賊也』（離婁篇、告子篇）。孟子見列國諸侯，互相侵害，兵連禍結，故慨乎言之如此；其實孟子並非忽視軍事，一味反戰，孟子所主張者爲王者之道、仁義之兵，當時秦楚驕兵，忽焱於天下，梁惠王痛恨「西喪地於秦七百里，南辱於楚」，欲雪此仇，問計於孟子，孟子告以能行王政，則君民同心，可使執梃以撻秦楚之堅甲利兵。孟子又勸齊宣王學文武之用兵，「一怒而安天下之民」（梁惠王篇）。齊王梁王在當時諸侯之中，較爲優良，故孟子鼓勵其治兵自強。正義須有強權作後盾，強權卽武力，伐暴平亂，非武力不可，荀子當戰國亂世，益感武力之重要，故有議兵篇，專講治軍之道，述之如下：（以下所引之語，凡未注出處者，皆出自議兵篇）。

道與術

此所謂道，卽用兵之道，卽荀子所講軍事之「本統」，卽軍旅之組成及戰爭之宗旨皆本乎仁義，以仁義爲體統。此所謂術，卽戰陣之術，包括士卒之運用與軍事之策畫。本統爲軍隊成立之根本，軍隊不由本統建立，士卒只爲「干賞蹈利」而從戎，卽荀子所謂「盜兵」。盜兵雖精於擊技，爲獲取賄財而能逞強一時，然此乃烏合之衆，意志雜亂，終必潰敗。戰術非不重要，有本統之軍隊，衆志成城，攻打寇兵，研究敵情，當然精於戰術明於戰略。例如此次我對日抗戰，敵兵雖有精強之訓練，猛烈之礮火，而我游擊隊乃由鄉民臨時組成，以敝舊落後之武器與之對抗，彼強我弱，眞有天淵之別。然我軍乃激於義憤而戰，有本統，是以有勇氣，有計謀，以游擊戰術攻襲之，使之陷於荆棘泥掉之中，雖有力而無所施，即戰期再延長八年，彼亦終必失敗也。

臨武君對趙孝成王論兵，謂「上得天時，下得地利，觀敵之變動，後之發，先之至，此用兵之要術也」。又云「兵之所貴者勢利也，所行者變詐也，善用兵者，感忽悠闇，莫知其所從出」。孟子亦謂：天時地利人和，爲行軍之三大要項。觀敵之變動，瞭解敵情，後敵之發，知其動向；先敵之至，爭取主動。老子云「以正治國，以奇用兵」，奇、即奇謀詭計。兩國衝突，既至不可以禮和解之程度，不得已而以武力解決，既已動武，何能講禮，如宋襄公與楚戰，而拘守仁義，自甘失敗，讓敵勝利，已成爲千古之笑談（左傳僖公二十二年）。戰爭爲拼命之事，抱你死我活之心，互相殘殺，不擇手段，詭計詐謀，盡量施出，以求殲敵取勝，此無論義兵寇兵，皆必如是，故「兵不厭詐」，已成爲用兵之格言（舅犯謂晉文公曰「戰陣之間，不厭詐僞」，見韓非子難一篇。淮南人間訓亦引此語。後漢書虞詡傳謂「兵不厭權」，權謀即詐謀也。清陸以湉冷廬雜識論王文成公精於用兵云「凡此皆出奇制勝，所謂兵不厭詐，非小儒所能知也」）。

臨武君所講爲戰陣之術，故曰：所行者詐變，奄忽無定之行動，深遠幽隱之策略，奇兵疑陣，虛實恍惚，使敵方無法揣測，而陷於困疲，此類戰爭之術，即仁人之兵，亦不廢也。荀子非不知此，荀子所講爲用兵之道，臨武所講爲攻戰之術，二者不能合爲一談，然而荀子否定臨武君之言，而強持自己之說何也？蓋治兵若未有本統，則軍心不團結，組織不鞏固，而徒講戰術，則落爲空談矣！有本統、亦即有健全之基本力量，戰術方有實用也。

強兵之道

荀子云「故善附民者，是乃善用兵者也」；又云「凡用兵攻戰之本在乎壹民」，又云「民齊者強，民不齊者弱」。所謂附民、卽在上位者能使士民親附，兵亦民也，民與君相親附，兵與民相親附，如此、則上下軍民壹體，齊心協力，亦卽所謂「壹民」、「齊民」。何以齊民？荀子云「禮樂敎化，是齊之也」；中國自古政敎合一，政治敎化本乎倫理，以五倫爲紀綱，由家庭六親之愛，推而至於社會人羣之愛，人類關係，由情誼結合而成；雖素不相識之人，而敬老慈幼，憐貧恤孤，人與人之間皆有應盡之義務，此種道同風一之盛，亦卽禮樂敎化之功。家國人羣之集團，在倫理風尙之中，皆有休戚相關之誼。軍隊以人民組成，軍人之責爲保衞國家，亦卽保衞人民，亦卽保衞自己，人人皆有當兵之義務，兵卽民，民亦卽兵；軍民壹體，故能齊心協力，共保邦家。

禮樂敎化陶鑄人羣之倫理思想，建立社會之倫理秩序，家國一體，倘有軍事行動，則「百將一心，三軍同力；臣之於君也，下之於上也，若子之事父，弟之事兄，若手臂之扞頭目而覆胸腹也」，痛癢相關，榮辱與共，征戰撻伐，所向無敵，「若莫邪之利鋒，當之者潰」；此卽由禮樂敎化而練成軍民上下齊壹之兵；此強兵基本之道。孟子論兵亦云「天時不如地利，地利不如人和」（公孫丑篇）；人和故能齊一力量，戰勝攻取，無往不利。由和而齊，和齊之程度有大小之差，荀子云「故兵大齊則制天下，小齊則治鄰敵」；大齊威振天下，是王霸之兵；小齊只能鎭服鄰敵而已。荀子謂：齊桓晉文皆爲和齊之兵，已入王道之域，所以只至於霸，而不及夫王者，以尚未建定仁義之本統也。

荀子謂：禮樂教化爲壹民強兵之本；猶之孟子所云：施仁政於民，修孝悌忠信之教，「可使執梃以撻秦楚之堅甲利兵」（梁惠王篇）。孟荀皆言治兵之道，以仁義爲本統，若不重治兵之道，而只講攻奪詐變之術，其士卒被功利賞罰所驅使，雖「慘如蠭蠆」，猛如貃虎，侵伐劫掠，取勝利於一時，然遇仁義之軍，則「若以卵投石，以指撓沸，若赴水火，入焉焦沒耳」。蓋仁義之軍，既有本統，氣壯山河，亦精戰術，不畏強敵；「故齊之技擊，不可以遇魏氏之武卒；魏氏之武卒，不可以遇秦之銳士；秦之銳士，不可以當桓文之節制；桓文之節制，不可以敵湯武之仁義」。——國之本在民，治國安民，必先修明政治，布德施化，「政修則民親其上，樂其君，而輕爲之死」。蓋保國卽所以保家，政修民附，上下一體，故大敵當前，人民不惜一切，爲國敵愾。此乃素日以仁義得民心，以仁義訓士卒，及用兵之日，而又以仁義征暴惡，此卽所謂王者之師，此湯武所以無敵於天下也。

總上所述，荀子言軍事之本統，在乎善得民心，衆志成城，上下和齊，故其動、則若鏌鋣之利刃，攖之者斷，靜、則如磐石之确堅，觸之者摧；此爲治軍之基本條件。基本條件而外，則戰術與武器，雖爲末事，亦不忽視，故言爲將之道須明「六術」（見下段），故曰「械用兵革，攻（堅）完便利者強；械用兵革窳楛不便利者弱」。齊人之技擊，魏氏之武卒，非不可取，然無本統，則不可恃，孟子云「城非不高也，池非不深也，兵革非不堅利也，米粟非不多也，委而去之」（公孫丑篇），城防雖固，武器雖精，然而軍隊徒有形式而無本統，在上者無道，在下者離心，故大敵來臨，士無鬥志，各奔性命，委而去之，不戰而自潰，只有向敵人繳械投誠而已。仁義之兵，由本統而發生威力，所過者化，故兵不血刃，遐邇咸服。

孝成王臨武君曰「請問爲將之道」？荀子曰「智莫大乎棄疑，行莫大乎無過，事莫大乎無悔，事至無悔而止矣，成不可必也」。戰爭爲流血之事，舉措必須愼重，故察測敵情，決定戰略，必須判斷確實；如有疑點，卽當放棄，不可鹵莽試探，免遺後悔。凡事須先求無過，次求有功，軍事尤然。不敗則無過，如亦勝亦敗，得失相等，則功過抵消。故當先作不敗之備，再進取勝之舉，計畫周密，行動謹嚴，此將兵之要領，然世事叵測，勝敗亦兵家之常事，將帥旣竭智謀、盡人事，雖「成不可必」，然心中無悔憾也。荀子講爲將之道：須守六術、五權、三至，各項要領，述之如下：

六術

一、制號政令欲嚴以威——對軍事策畫要謹嚴，措施要愼重。故發號施令，令出必行，威信旣立，無敢輕忽，故能如計奏效，以達成功。

二、慶賞刑罰欲必以信——有功者慶賞，有罪者處罰，皆要審察正確，切實執行。

三、處舍收藏欲周以固——兵營堡壘，軍需用品，皆須設備周善，平時當作戰時看，可免緊急之虞。

四、徙擧進退，欲安以重，欲疾以速——軍隊之遷動，或進或退，要預定安全之策，愼重行事。動作要機密迅速，使敵方無法窺測。

五、窺敵觀變，欲潛以深，欲伍以參——窺察敵情，要密探其實，深入研究，以與我方相比較參照。所謂知己知彼，方有取勝之算也。

六、遇敵決戰，必道吾所明，無道吾所疑——與敵決戰，必行我心中明確而有把握之策略；有疑問而無信心之計謀，決不可行。

五權——酌量事實，權宜行事

一、無欲將而惡廢——將帥之地位固然尊榮，然負軍事大任，關係國家之興亡，兩軍相敵，衝鋒決戰，誰能有絕對勝利之把握？故身為將帥慄慄畏懼。實不欲戀此高位，亦並非推卸責任，蓋以個人之智力有限，久於所事，往往狃於自己習慣之作法，致生弊端。故願在上者明鑒、另委賢能接代任務，發展新力量。廢、停止也，為將者受命任職，身負重責，時時為功罪而憂勞，若奉令解職，減輕負擔，公私兩便，無所好惡於胸中也。

二、無急勝而忘敗——作戰時，首要預防敵人對我如何襲擊，我如何免受損害，始可順利進攻；不可急於求勝，忘卻敵人之反噬，以免失敗。

三、無威內而輕外——將帥不要只注重在內部職權地位之威信；對外能率領三軍，戰勝攻取，方為眞威信。

四、無見其利而不顧其害——凡事有利有害，須利害兼顧，此例甚多。我欲利用敵人，敵人亦欲利用我，黃帝書云「毋借賊兵，毋裹盜糧」（黃帝四經稱篇），借外力以助內戰，是謂引賊入門。

五、凡慮事欲熟而用財欲泰——凡計畫一事，要細心精思，徹底考慮。重賞之下，必有勇夫，刻薄軍餉，士無鬥志。

三至——至者當也。至當而不變也。

所以不受命於主有三：可殺而不可使處不完；可殺而不可使擊不勝；可殺而不可使欺百姓；夫是之謂三至。——史記司馬穰苴傳「將在軍，君令有所不受」。將帥出征，安照行軍之實況，決定計畫，國君未躬與其事，不知其詳情，不可干涉其行事。在此重要情形之下，國君如有所命令，而足以妨害軍務，將帥可以不受君命，仍按原定計畫，以達成任務。故荀子云：戰爭可使士卒與敵拚死，然如君命所按排，或攻或守之佈置，臨時發現不切實不安全，則當另謀善策，不使士卒作無謂之犧牲。戰爭可使士卒不怕死，然既知目前敵佔優勢，我無勝算在握，若君命茫然下令出擊，亦不可從，不可以士卒之生命作孤注。遇必要時，士卒可與敵人決生死，與陣地共存亡，一切準備既與地方人民構成合力抗敵之組織，雖君命撤退，亦不可欺騙百姓，棄城而遁，陷人民於死地。

以上所述十四條，乃為將須知之要則。荀子又簡述用兵之要領云「凡百事之成也，必在敬之；其敗也，必在慢之；故敬勝怠則吉，怠勝敬則滅；計勝欲則從，欲勝計則凶。戰如守，行如戰，有功如幸。敬謀無曠，敬事無曠，敬吏無曠，敬衆無曠，敬敵無曠，夫是之謂五無曠。愼行此六術、五權、三至，而處之以恭敬無曠，夫是之謂天下之將，則通於神明矣」。

軍法

臨武君曰「請問王者之軍制」，荀子曰：

「將死鼓，御死轡，百吏死職，士大夫死行列。聞鼓聲而進，聞金聲而退，順命為上，有功次之；令不進而進，猶令不退而退也，其罪惟均。不殺老弱，不獵禾稼，服者不禽，格者不舍，犇命者不獲。凡誅、非誅其百姓也，誅其亂百姓者也；百姓有扞其賊，則是亦賊也。以故順刃者生，蘇刃者死，犇命者貢（置）」。

左傳云「師之耳目，在吾旗鼓」，旗以指揮軍隊之動作，擊鼓以示進攻，鳴金以示止步，此乃士卒耳目一致服從之號令，此乃全軍勝負之攸關，此乃將帥臨陣督戰死守之職責，尉繚子武議篇云「夫將提鼓揮枹，臨難決戰，接兵角刃，鼓之而當，則賞功立名；鼓之而不當，則身死國亡」。將帥以身作則，領導全軍，與士卒共艱險，與國土共存亡，如喪師辱國，只有自裁以謝國恩，不肯靦顏以受軍法之懲罰。將軍如此，故凡所屬負軍事任務之衆吏百官，皆當効命所職，至死不怠。

諺云「養兵千日，用兵一時」。身為將帥，平日佩虎符，坐皋比，高車駟馬，威榮尊嚴，及遇戰事，則心驚膽怯，束手無策，敵人來擊，則士卒潰散，然猶恬不知恥，自飾其非，自恕其罪，故雖有堅甲利兵，師旅百萬，而竟被草寇土匪所夷滅，於是闖王自立，南明亡國，而朝代更易矣！

士卒在英明將帥統率之下，保國安民，軍令森嚴，上下不苟，戡亂伐暴，執法公正，不殺無辜，不傷民財，馴服者恕而釋之，頑抗者必懲其罪。王者用兵誅伐，非誅百姓也，但百姓如有助賊扞抗王師者，則與賊同罪。其聞風順刃而逃生者，勿追殺；其蠻橫迎刃而格鬥者，必斃之。凡悔悟奔命而來歸者，一律不究既往。王師志在平亂，德威並施，不全恃攻戰殺戮之威，故不屠城，不偷襲；敵國之亂既平，不留軍駐其地，以明無侵佔之意。軍事速戰速決，不使師老於外，勞民傷財。故亂國之民，歡迎王師，如久旱之逢甘雨。——此荀子所言王者軍法之大略。

徒恃賞罰不能統軍心

孟子云「樂民之樂者，民亦樂其樂；憂民之憂者，民亦憂其憂」（梁惠王篇）。軍事力量，在乎「百將一心，三軍同力」，此種團結精神，由於上下一體，憂樂相共；徒恃賞罰以利誘威脅，不能堅定軍心也。故荀子云「凡人之動也，爲慶賞爲之，則見害傷焉止矣」。故賞罰只是一種勢力手段，不能使衆人忠誠盡力，不能使士卒發奮效命。爲人上者，不能以禮義忠信洽和羣心，不能建立信仰，只用賞罰手段控制下屬，只求表面順馴而已。如此，則士卒亦只計目前之利害而行事，若大寇至，命其堅守要城，彼爲苟全性命，必叛而降敵；若偶然遭遇戰爭，彼不肯冒險，必故意敗走；若使之服勞役，彼厭煩辛苦，則必潛逃離去，另尋出路。如此，則百萬之衆，各爲利害，違法抗命，在上者反被其制。

故徒用賞罰以牢籠士卒，等於僱傭交易，不能合大衆而利國家。故聖王「厚德音以先之，明禮義以導之，致忠信以愛之，尚賢能以次之，爵服慶賞以申之，時其事，輕其任，以調齊之，長養之，如保赤子。政令以定，風俗以一」。於是政敎淳穆，社會安樂，倘有違俗犯上擾亂倫常者，則衆人惡之恨之，羣起而攻之，必使之受嚴懲、以昭炯戒。百姓皆知守法，勵志向上，有能積禮義崇道德，修身正行之士，百姓皆敬愛之，衆望所歸，政府尙賢，故頒爵祿以尊榮之。

在上者以身作則，執禮行義，故人民崇效之，彰善癉惡，出自民意；慶賞刑罰昭然大公；故暴悍偏僻糾紋之徒，皆化而爲順馴之民，「夫是之謂大化至一」；王者之敎化如此，人民親附，家國一體，故王者之師「百將一心，三軍同力，」無敵於天下。

仁義爲本

弟子陳囂問曰「先生議兵，常以仁義爲本；仁者愛人，義者循理，然又何以兵爲？凡所爲有兵者，爲爭奪也」。荀子曰『非汝所知也！彼仁者愛人，愛人故惡人之害之也；義者循理，循理故惡人之亂之也。彼兵者、所以禁暴除害也，非爭奪也。故仁人之兵，所存者神，所過者化（所駐之處，人皆敬之如神明；所經之處，人皆順從而歸化），若時雨之降，莫不喜悅。是以堯伐驩兜，舜伐有苗，禹伐共工，湯伐有夏，文王伐崇，武王伐紂，此四帝兩王，皆以仁義之兵行於天下也。故近者親其善，遠方慕其義，兵不血刃，遐邇來服，盛德於此，施及四極。詩曰「淑人君子，其儀不忒，其儀不忒，正是四國」。此之謂也』。

弟子李斯問曰「秦四世有勝，兵強海內，威行諸侯，非以仁義爲之也，以便從事而已」！（四世自秦孝公以下：惠文王、武王、昭襄王至始皇，始皇之祖孝文王在位一年，父莊襄王在位四年，此二王享國時短，故未列在內。便從事、卽在位者只圖巧取便利以增功效；如前文所說：秦「其使民也酷烈，劫之以勢，隱之以阸，狃之以慶賞，鰌（迫）之以刑」等等）。荀子曰：「非汝所知也，強迫利誘，人民並非樂從；以仁義修政，人民方愛其上而竭誠盡忠。秦君棄仁義，故自心亦惴惴不安，常恐諸侯合力而攻之。此所謂末世之兵，未有本統，不能持久也。「故湯之放桀也，非其逐之鳴條之時也；武王之誅紂也，非以甲子之朝而後勝之也；皆前行素修也，此所謂仁義之兵也。今汝不求之於本，而索於末，此世之所以亂也」。

兼併之術

周初平定天下，興滅國，繼絕世，左傳所載春秋之世，周室而外自立之國尚有魯、齊、晉、楚、鄭、衞、秦、宋、陳、蔡、曹、吳、邾、杞、莒、滕、薛、許、越、燕、虢、虞等二十餘國，周室衰微，不能統御，諸侯強陵弱，大侵小，迭相呑併，及至戰國之末，嬴秦而外，尚餘六國，而秦以兵力強大，早欲兼併六國，荀子云「凡兼人者有三術：有以德兼人者，有以力兼人者，有以富兼人者，」述之如下：

「彼貴我名聲，美我德行，欲爲我民，故闢門除涂，以迎吾人，因其民、襲其處，而百姓皆安；立法施令，莫不順比（親近），是故得地而權彌重，兼人而兵愈強；是以德兼人者也。——非貴我名聲也，非美我德行也，彼畏我威，劫我勢，故民雖有離心，不敢有叛慮，若是、則我戎甲愈衆，奉養必費，是故得地而權彌輕，兼人而兵愈弱；是以力兼人者也。——非貴我名聲也，非美我德行也，用貧求富，用飢求飽，虛腹張口，來歸我食，若是、則必發夫掌（廩）窌之粟以食之，委之財貨以富之，立良有司以接之，已朞三年（三周年），然後民可信也；是故得地而權彌輕，兼人而國愈貧；是以富兼人者也。故曰：以德兼人者王，以力兼人者弱，以富兼人者貧，古今一也」。

以德兼人者，其地人民心悅誠服，無不順從，地既廣而民亦增，故得其地，權愈重而兵愈強。以力兼人者，其地人民畏我威，懼我勢，雖心中不服，而不敢叛，故必須加強武力以鎮壓之，如此則人力物力之消耗浩繁，故得其地，而權愈輕兵愈弱。以富兼人者，其民貧窶，向我求食，須我援助，旣歸順我，而所依賴我者彌重，以我之貨財，濟彼之困窮，彼視爲當然之事；故得其地，而權愈輕國愈貧。此古今一理也。

結語

荀子見當時列國之君，爭城奪地，互相攻伐，興兵構怨，皆爲侵略之戰。此時強秦已稱雄天下，有併吞諸侯、包舉宇內之心。荀子希望有王者出而以「仁人之兵，王者之志」，平戰亂而救蒼生，謂：兵者「所以禁暴除害也，非爭奪也」！當時之國君，徒恃權謀機詐，互相侵陵，爭爲長雄，塗炭生靈，此類戰爭，荀子謂之盜兵。齊人隆技擊，斬敵一首，賜金一錙（八兩），此等於僱傭作戰，傭人趨利避害，遇大敵則潰散，此謂亡國之兵。魏氏之武卒，以體格能力作考驗，被選取者，則免其賦稅，利其田宅，及其體力衰退，亦無法減其待遇，故其地雖大，其稅必寡，此謂危國之兵。楚人甲堅兵銳，有長江之險，方城之固，然其統軍不以道，故秦兵伐之，一戰而郢都陷落。秦兵雖強，然其民生陿隘，政治嚴酷，誘以慶賞，迫以刑罰，「使天下之民所以要利於上者，非鬥無由也」。其兵未有本統，雖能取勝一時，亦只可謂末世之兵耳，不能持久也。

王者抱濟世之志，以德行仁，士民親附，以禮樂教化齊一民心，有此本統，用之於治軍，此「強國之本也，威行之道也」；王者以此而得天下；「故堅甲利兵不足以爲勝，高城深池不足以爲固，嚴令繁刑不足以爲威，由其道則行，不由其道則廢」。王者之兵有本統，以仁義行於天下，故兵不血刃而遐邇咸服。

總覽荀子議兵，兵分三等：王者之兵，若湯武之仁義，至上者也；和齊之兵，若桓文之節制，其次也；權謀侵略之兵，若秦楚之攻城掠地，是盜兵也。害人適以害己，若近世之列強，侵侮弱小，皆盜兵也。皆必自食其惡果，兩次世界大戰，可爲殷鑑也。

十、教　育

教育宗旨

中庸教人「尊德性而道問學」。蓋人類必須過羣體生活，德業相勸，患難相恤，因而有國家社會，此共同生存之道，出自天性，違離此道，則不能生存。萬物皆有其自然生存之道，皆必須順其道方能存；人爲萬物之靈，當然皆知其生存之道，「非知之艱，行之惟艱」（尚書說命），道乃形而上之玄理，能實行方有所得，故道中之行爲曰德；求生存乃人之天性，故稱人性曰德性。然人又有欲性，欲性易於膨脹，若任其膨脹，則德性隱沒，故儒家教人尊德性，發揚德性爲人道第一義。人類生活問題複誌，必須有知識方能解決，知識由問而來，由學而來，故又教人「道問學」，問學卽學問，亦卽知識，尊德性、講學問，是儒家教育兩大綱領，荀子修身篇、勸學篇所言，亦本此兩大綱領之旨也。

孟子以人性本善，然「逸居而無教，則近於禽獸」。必須設爲庠序學校以敎之（滕文公上），方能發揚善性，而成爲完美之人生。荀子謂「人之性惡，必將待師法然後正，得禮義然後治」（性惡篇）。孟荀言性之意見不同，而其注重後天之教育，一則培養善性，使人益臻於善；一則改變惡性，使人化而為善；其宗旨相同也。

諺云「取法乎上，僅得乎中」，教育目標之規定，不妨其高，目標高，智者不敢怠，愚者益加勉，各盡其能，各達其力量所及之程度，大材有大造就，小材有小造就，皆得完成其合理之人生。儒家所定教育目標，以聖人為師法，孟子曰「聖人人倫之至也」，「聖人百世之師也」（離婁篇、盡心篇）；荀子云「聖人者、道之極也，故學者固學為聖人也」（禮論篇）。教育包括道德與知識，聖人之道德固然崇高，而且聖人聰明睿智，博學多能，故大舜耕稼陶漁以至為帝，無不盡善；大禹治平水患，救民苦難；后稷精於農業，教民稼穡；孔子精通六藝，而自云「多能鄙事」（論語子罕篇），故曾作會計，曾作園吏，曾作大司寇，曾作宰相；其收徒設教，六藝教育而外，高等學科分為德行、言語、政事、文學四部。儒家固然注重知識教育，然以為道德尤為重要，故以聖人為師法，學聖人之為人，即首先學聖人之德行，知識其次也；故曰「尊德性而道問學」，「行有餘力，則以學文（文指記載學問之典籍言），」（論語學而篇）。

蓋人之德性為天賦本有，不假外求，故易被忽視；知識乃後天所增益，須向外境追求，故一般人重視求知識，而忽略尊德性。若不尊德性，則知識愈大為害亦愈大，自古元惡大憝，皆有相當之知識；庸碌之人，知識低微，雖或作惡，亦猶如鼠竊狗偷而已，不能造大禍。論語云「君子學道則愛人，小人學道則易使也」（陽貨篇），君子指在位者而言，小人指庶民而言，學道即學聖人之道，聖人之道，首在發揚德性，即大學所謂「明明德」，明明德之表現爲「修己安人」，在位者能學道，則愛人，故能成其治國安民之功；庶人學道，則易於接受領導，故能成其修身齊家之德；志在治國安民，則自然必追求治國安民之學問；志在修身齊家，則自然必追求修身齊家之學問；故能尊德性，則自知求學問。荀子教人學聖人，目標雖高，而各盡其力以求進步，有幾分進度，便有幾分成就，各皆得以順正路而渡其平安之人生。

道德無止境，學問無止境，聖人爲道德學問至高之理想人物，至高然不能謂已至止境；吾人以孔子爲聖人，然孔子不認爲自己是聖人，孔子尚有其理想之聖人，其一生學聖人，學而不厭，發憤忘食，終身不怠。孔子尚且如此，而況吾儕常人，豈可懈惰！故荀子云「學不可以已」，「學至乎沒而後止也」（勸學篇）。

道德學問無止境，豈不令人「望洋興歎」？荀子乃將道德學問、約歸於「禮」，謂禮爲「道德之極」（勸學篇）。就修身而言，謂「禮者、所以正身也」（修身篇），正身即安分守己，「非禮勿言，非禮勿動」，此爲簡易而人人能行之事。雖然簡易，而一般人往往不肯實行，以至越禮犯罪。君子己立立人，成人之美，致力於治國安民，一切依禮而行，荀子云「禮者、治之始也」，「禮者、治辨之極，強國之本也」（王制篇、議兵篇）。小而修身，大而治國，皆以禮爲本，「禮也者、理之不可易者也」（樂論篇），天下之事物，各有其理，明其理，始能治其事，荀子云「禮之理，誠深矣」（禮論篇）禮中涵括無窮之學問，孔子云「博學於文，約之以禮」（論語雍也篇），修身之道，約歸於禮，一切學問，皆須約其要義，求其眞理，是以荀子云「故學至乎禮而止矣。」（勸學篇）——總上所述，荀子所講之道德教育，以聖人爲師法；知識教育，以明禮爲目的。

養心修身

道德教育教人修身，大學云「欲修其身者，先正其心」，荀子云「心者形之君而神明之主也」（解蔽篇），故稱心爲「天君」，稱身體各器官曰「天官」（天論篇），天君支配天官之一切動作，故「心正而后身修」（大學）。心爲人之主宰，心有自知之明，深知欲發揮靈明功能，必須加以修養，茲述荀子所講養心之道如下：

一、養心之道莫善於誠，不苟篇云：

「君子養心莫善於誠，致誠則無他事矣，唯仁之爲守，唯義之爲行。誠心守仁則形，形則神，神則能化矣。誠心行義則理，理則明，明則能變矣。變化代興，謂之天德」。

心爲知覺靈明，明是非，知善惡，有此天然之良知，所見邪正分明，邪必作孽招禍，正則安然自在，心能鑑別清楚，故堅誠守正不阿。仁義爲人生之光明正道，能誠心守此正道，則無須焦慮他事，中庸云「至誠如神」，至誠「可以贊天地之化育」；能誠心守仁，則誠於中而形於外，「精誠所至，金石爲開」，有不可思議之功，故曰神。神妙之德，攸往咸宜，故能化及人羣。能誠心行義，則事事治而不亂，不亂則條理清明，而人易於馴從；如此、則能引人變莠爲良，變惡爲善，如堯典所謂「黎民於變時雍」。春生夏長，萬物變化，乃天之工，尚書皋陶謨云「天工人其代之」，君子能代天工，化導人羣，由野蠻而變爲文明，故謂之天德。——以上所述謂君子養心以誠，始能完成其化民治世之功。不但君子必誠，衆人何嘗不然，衆人雖無治世之能，而皆有自治之能，中庸云「誠者、自誠也」，又云「不誠無物」，自誠者完成自己之人格，有人格方能生存於人世，無人格則一切皆休矣，故曰「不誠無物」。易云「閑邪存其誠」（乾卦），防邪存誠，亦即以誠養心之功也。

二、治氣養心之術，修身篇云：

「治氣養心之術：血氣剛強，則柔之以調和；知慮漸深（沉深），則一之以易良；勇毅猛戾，則輔之以道順；齊給便利（急遽捷速），則節之以動止；狹隘褊小，則廓之以廣大；卑濕（下）重遲（寬緩）貪利，則抗之以高志；庸衆駑散，則刦（迫）之以師友；怠慢僄（輕）弃，則炤之以禍災；愚款端慤，則合之以禮樂，通之以思索；凡治氣養心之術，莫徑由禮，莫要得師，莫神一好（好一不二，莊子云「用志不分，乃凝於神」），夫是之謂治氣養心之術」。

氣爲何物？心如明鏡，遇外物輒有感應，所受到之感觸如何，便發生如何應付之動力，此動力、即所謂氣。例如遇到可悅之事而生喜氣，遇到不平之事而生怒氣，激於義憤而生勇氣，彼此謙讓而生和氣。孟子講養浩然之氣，荀子講治氣養心，皆此氣也。

孟子云「志壹則動氣，氣壹則動志」（公孫丑篇），心受外物之感動，而決定如何對待，意志專一，付於行動，此動力或爲勇氣，或爲義氣，總之隨意志之指揮而達其目的，故曰「志壹則動氣」。

假若此事初與心志無關，乃因身體受到外物之刺激，而引起順受或拒絕之力量——氣，專一趨向，勢非如此不可，則心志必隨之設計以達其目的；例如夏日炎熱，身體充滿煩燠之氣，無可忍耐，則心志必隨之謀求消解之道，故曰「氣壹則動志也」。——氣爲心志對事決定如何處理之一切動力，亦爲對己按排處世做人之一切活力，可知其重要。

性有善惡，氣亦有善惡，故氣性二字合爲一詞。氣之善者、如普通所謂義氣、勇氣、正氣、和氣、剛直之氣、文雅之氣。氣之惡者、如普通所說兇氣、邪氣、狂氣、驕氣、粗暴之氣、詭詐之氣。氣之善者須加培養，如孟子所養至大至剛浩然之氣，不受外物之搖動，頂天立地，自有眞宰，爲宇宙之完人。氣之惡者猶如疾病，須加調治，故荀子謂：「狹隘褊小，則廓之以廣大；卑下貪利，則抗之以高志」。凡事過猶不及，無過無不及，方爲中正；卽氣之非惡者亦不可過，故荀子謂「血氣剛強，則柔之以調和；智慮沉深，則一之以易良」。養氣，則心不受外物之侵擾，不生煩惱，故養氣亦卽養心。治氣、使惡劣之氣，停止行動，則心平氣和，不招憂患，故治氣亦卽所以養心。孟子以義養氣，荀子以禮治氣，其道一也。

爲學之重要

荀子將一切學問約之於禮。禮包括作人處事之道，作人須本乎禮，此屬於道德；處事須合乎理，此屬於知識；以道德運用知識，方能達學以致用之效，故荀子勸學篇、勸人爲學，將道德與知識合併言之，以示二者皆爲重要。

勸學篇開始便謂「學不可以已」，荀子以人性本惡，必須「有師法之化，禮義之道，始合於文理，而歸於治」（性惡篇）；又謂「少而不學，長無能也」（法行篇）；「木受繩則直，金就礪則利」，故人必須爲學，所學何事？卽學作人之德行、學作事之知能也；故曰「君子博學而日參省乎己，則知明而行無過矣」。「故不登高山，不知天之高也；不臨深谿，不知地之厚也；不聞先王之遺言，不知學問之大也」（勸學篇）。「知明」、「行無過」、以及先王「學問之大」，皆包括作人作事之道。

「**君子生非異也，善假於物也。**」——登高而指，能使遠處之人易見；順風而呼，能使對方之人易聞；此利用自然以行事。以車馬代遠步之勞，以舟楫代涉水之用，此利用工具以行事。此皆研究物理之成績，此爲知識方面之學問。

「**君子居必擇鄉，遊必就士。**」——「蓬生麻中，不扶而直，白沙在涅，與之俱黑」。蘭芷本爲香料，若被穢物汙染，則被人所遺棄，以喻人亦不可染於惡習。擇鄉而居，卽孔子所云「里仁爲美」（論語里仁篇），對下流社會，避而遠之，以免受其影響。遊必就士，卽孔子所云「就有道而正焉」（學而篇），與正人君子相交遊，既可砥礪品格，又可探討學問。

學問有成，在乎專心，在乎勤勉。——「故不積蹞步，無以至千里；不積小流，無以成江海；騏驥一躍，不能十步；駑馬十駕，功在不舍；鍥而舍之，朽木不折；鍥而不舍，金石可鏤」。修身篇云

「夫驥一日而千里，駑馬十駕則亦及之矣。故蹞步而不休，跛鼈千里；累土而不輟，丘山崇成」。此言為學無論智愚，苟能專心勤勉，皆可有成，猶如中庸所云：學而弗措，則「雖愚必明，雖柔必強」矣。

治學之法，兩項要點。——為學之要術有二：一曰讀書、勸學篇云「其數（術）則始乎誦經，終乎讀禮」。聖賢所傳之學問，載在經典，當熟讀深思以通其義；而羣經大義，皆不外乎禮，孔子云「不學禮，無以立」（論語季氏篇），讀書志在明理，故曰「終乎讀禮」。二曰「隆師而親友」（修身篇）、勸學篇云「學之徑莫速乎好其人」，其人指良師益友而言。拘守詩書而孤陋寡聞，則學問不易進步，若能好賢師而請教受業，向善邁進；好益友而互相切磋，勸善規過；「好善無厭，受諫而能戒，雖欲無進得乎哉」（修身篇）。

教育資料

孔子以詩、書、禮、樂教弟子，晚年好易、作春秋，號稱六經，亦稱六藝（莊子天運篇、孔子謂老聃曰：丘治詩書禮樂易春秋六經。天下篇亦言及六經）。司馬遷云「儒者以六藝為法」史記太史公自序、六藝即六經），六經為儒門之基本教材，荀子勸學篇、儒效篇、則舉五經以為學者之課本。列述如下：

書——「書者政事之紀也」。書為往代政事之記載。儒效篇云「書言是其事也」。書中之言，為聖人經世之事。

詩——「詩者中聲之所止也」。孔子云「詩三百，一言以蔽之，曰思無邪」（論語爲政篇），詩乃情感發之於聲，詩中篇章上自朝廷下至民間，善者美之，邪者刺之；「樂而不淫，哀而不傷」，不流於淫邪，故曰中聲之所止也。儒效篇云「詩言是其志也」，詩中之旨，爲歌詠溫雅敦厚之情志。

禮——「禮者法之大分，類之綱紀也」。一切行事皆有法則，故有法律一詞；類爲法中分類之條例。禮爲法之大本，爲類之綱領。儒效篇云「禮言是其行也」；禮中所言，爲聖人行事之法則。

樂——「樂之中和也」，樂與詩相輔爲用，樂以娛樂心志，樂而不淫，旨在陶養中正和平之情操。儒效篇亦云「樂言是其他和也」。

春秋——「春秋之微也」，春秋之內容，爲寓褒貶、別善惡之微言大義。儒效篇亦云「春秋之言是其微也」。

孔子云「六藝於治一也」（史記滑稽列傳），六經皆講修身治世之道，皆以禮爲歸，故荀子云「禮者、法之大分，類之綱紀也；故學至乎禮而止矣，夫是之謂道德之極」（勸學篇）勸學篇及儒效篇、皆學五經而未言易經；荀子並非不講易，故非相篇引易坤卦六四爻「括囊無咎無譽」之語；大略篇引咸卦以明夫婦之道，不可不正之義；又引小畜卦初九爻「復自道，何其咎」之辭，以論春秋賢秦穆公能變歸於道之事（公羊傳文公十二年），可知荀子亦教人讀易也。

勸學篇謂「禮之敬文也，樂之中和也，詩書之博也，春秋之微也，在天地之間者、畢矣」；儒效篇謂「百王之道一是矣，故詩書禮樂之歸是矣」；可見荀子對詩書之尊崇。將一切學問約之於禮，謂禮爲「人道之極」（禮論篇）；學以致用，不尚空談，禮在乎實行，故荀子好講「隆禮」（勸學、彊國、議兵、王霸各篇，皆屢言隆禮），隆禮即尊崇禮義而顯於實行。儒效篇謂：雅儒「隆禮義而殺詩書」，俗儒「不知隆禮義而殺詩書」。詩書爲先王之遺言，荀子尊崇詩書，而「殺詩書」之語，則大有疑問。

近人或將殺詩書之「殺」字作豐殺之「殺」、或隆殺之「殺」作解，如此、則殺字之意爲減爲降，故謂殺詩書、卽貶抑詩書，其理由乃根據勸學篇「禮樂法而不說，詩書故而不切，春秋約而不速」，將此話斷章取義而論，遂牽引到殺詩書、卽貶抑詩書。若執此話而論，荀子豈但貶抑詩書，而且連及禮樂春秋，五經俱在當殺之內，則五經而外尙有何典籍足爲學者之依據？然而荀子謂學者始乎讀經，謂五經之義「在天地之間者畢矣」，其尊崇五經如此，又何以貶抑詩書？

蓋言論各有其主旨，不可斷章取義誤會其主旨，使之自相矛盾。荀子以治學、當有良師啓導，謂「學莫便乎近其人」，其人卽指博學之明師而言，詩書義理淵奧，爲專門學問，若無師法，而只埋首苦讀，則可能感到：禮樂只存列法則，而無詳細之說理；詩書所載，皆先王之陳迹，而不切近當今；春秋辭約旨微，而不能使人捷然通曉。此乃學者通常所易感到之實情，並非貶抑詩書，此言之旨在指示學者，須有良師傳道授業，方可進步迅速。一技一藝而能無師自通者，亦不可多見，而況詩書之博乎！諺云「聞君一夕話，勝讀十年書」，此言之主旨：爲贊美對方之嘉言高論，使我收穫甚大；不可謂貶抑讀書功夫也。

若斷章取義，據「詩書故而不切」之言，遂謂荀子主張「殺詩書」，則下文云「學之經莫速乎好其人，隆禮次之」，荀子主張「隆禮」，而此處則言次之，豈非貶抑「禮」乎？然而此言之主旨，乃謂爲學之道，莫速於「見賢思齊」而往受教，如不得賢師之指導，則只有隆禮以修身，非謂得賢師則不須隆禮也。下文又謂「學雜誌、順詩書」，不免爲陋儒；然則荀子反對順詩書乎？非也！此言之主旨謂：既不好賢師，又不能隆禮，雖能順詩書之言而作講說，亦爲陋儒，猶如今之演說家、空講道德，而不實行，如伶人之說白唱歌何異？在論語中孔子屢言詩之重要，而子路篇云「誦詩三百，授之以政，不達；使於四方，不能專對；雖多、亦奚以爲」？此乃對讀書不能明理致用者之誡語，非謂誦詩多、皆無用也。故言論各有其主旨，不可斷章取義也。

然則「殺詩書」一語、當如何解釋？按今本荀子書中錯誤甚多：有倒置之字，如不苟篇「以義變應」，當作「以義應變」；有衍文，如富國篇「民下違上，少陵長」，民字爲衍文；此例甚多，而錯字尤多，例如修身篇「受諫而能誡」，誡當作戒，（彊國篇「發誡布令」，注：誡、敎也。如謂受人之諫而能自敎，便誤）；「倚魁之行」，倚當作奇；不苟篇「鉤有須」，鉤當作姁；榮辱篇「則其心正其口腹也」，正當作止；此類錯字，不勝枚擧。因「殺詩書」與荀子之言不合，故前代學者郝懿行謂「殺」乃「敦」字之誤。「殺詩書」爲可異之語，而唐時楊倞首注荀子，對此語未有注釋，可知唐本尚無誤，或唐本卽爲「敦詩書」，故不須注也。敦者、厚也，厚卽重也，又勉也、治也，總之「敦詩書」與「殺詩書」正相反也。孫詒讓則謂「殺」當爲「述」，述、傳述也，傳述詩書爲儒者之職責。總之、皆以「殺詩書」爲誤。——按左傳僖公二十七年，晉趙衰稱郤縠「說禮樂而敦詩書」，則「敦詩書」，亦荀子以前古人嘗言之語，故荀子亦言之，「殺詩書」，既無根據，又無意義也。

教育所培養之人格

儒家最高之理想人格爲聖人，荀子云「故學者、固學爲聖人也」（禮論篇）。孔子將人之天資分爲上智、中人、下愚三等，聖人乃得天獨厚，才德超衆之傑者，上智之人學聖人，猶未必能企及，而況下愚者乎？然既有志於學，則無分智愚，「始乎爲士，終乎爲聖人」（勸學篇），皆必以聖人爲師法，雖不能及乎聖人，而不可不立志學聖人，「眞積力久則入」（勸學篇），學得一分，卽有一分之成就，無分智愚，及其成功一也。然人之才性及自修之功夫，不能齊一，故其所達成之人格，終有等差之別，荀子乃將聖人、儒、士、君子、小人，作人格等類之分，使學者有所觀摩，而自省自勉，略述如下：

聖人

「修百王之法若辨黑白，應當時之辨若數一二；行禮要節而安之若生四肢（行爲遵禮，而自己要約以節義立身，猶如天然四肢之動作一般，無所勉強）；要時立功之巧若詔四時（定時立功不失機宜，若告四時，萬物自然生成）；平正和民之善，億萬之衆而博若一人（博、專也），如是、則可謂聖人矣」（儒效篇）。

「上察於天，下錯於地，塞備天地之間，加施萬物之上，微而明，短而長，狹而廣，神明博大以至約。故曰：一與一。是爲人者，謂之聖人。」（王制篇）——上察天理，用之於實際之措施，盛德廣大，光被四表，澤及萬物，執禮行義，「以一行萬」，守約而施博，神明弘達，萬幾之事，一理相通，有法有則，富國篇云「上一則下一矣」，故曰「一與一」，以此爲人者，謂之聖人。

哀公問：何謂大聖？孔子對曰「所謂大聖者，知通乎大道，應變而不窮。辨乎萬物之情性者也。大道者、所以變化遂成萬物也；情性者、所以理然否取舍也。是故其事大辨乎天地，明察乎日月，總要萬物於風雨（如風雨之統領萬物），繆繆肫肫，其事不可循（穆穆和而美，肫肫精而密，其事非衆人所能循），若天之嗣（司），其事不可識（不可測），百姓淺然不識其鄰（百姓不識不知，謂帝力何有於我哉？不知君與之親切也），若此、則可謂大聖矣」（哀公篇）。

「聖人者、道之管也」（儒效篇）。管、樞要也，謂道由聖人所開發也。

「聖人者、道之極也」（禮論篇）。極、標準也。

「聖人備道全美者也」（正論篇）。聖人通人生之大道，禮記學記篇云「大道不器」，一器只有一用，或適於此，而不適於彼，大道則適合於人人，人苟能遵聖人所示之大道而行，則無往不利，故曰聖人之道，備矣美矣。

至人，大人，——解蔽篇所說之至人、大人，皆聖人也。

儒．

大儒——「彼大儒者、雖隱於窮閻漏屋，無置錐之地，而王公不能與之爭名；用百里之地，而千里之國莫能與之爭勝；笞棰暴國，齊一天下，而莫能傾也；是大儒之徵也」。「其言有類，其行有禮，其舉事無悔，其持險應變曲當；與時遷移，與世偃仰，千舉萬變，其道一也；是大儒之稽也（稽、考驗也）」。「法先王，統禮義，一制度，以淺持博，以古持今，以一持萬；雖在鳥獸之中若辨白黑；奇物怪變，所未嘗聞也，所未嘗見也，卒然起一方，則舉統而應之，無所疑怍；張法而度之，則晻然若合符節，是大儒者也」（儒效篇）。

雅儒——「法後王，一制度，隆禮義而殺（敦）詩書；其言行已有大法矣，然而明不能齊法敎之所不及，聞見之所未至，則知不能類也；知之曰知之，不知曰不知，內不自以誣，外不自以欺，以是尊賢畏法而不敢怠傲，是雅儒者也」（儒效篇）。

俗儒——「衣冠儼然，略法先王而足亂世，術謬學雜，不知法先王而一制度，不知隆禮義而殺（敦）詩書。其衣冠行爲已同於世俗矣，然而不知惡者，其言議談說已無以異於墨子矣，然而明不能別；呼先王以欺愚者而求衣食焉，得委積（積蓄）足以揜其口，則揚揚如也。隨其長子（鉅子），事其便辟，與其上客，億（安）然若終身之虜，而不敢有他志；是俗儒也」（儒效篇）。

賤儒——衣冠特殊，言辭淡薄，儀容態度摹仿古人，「是子張氏之賤儒也」。「正其衣冠，齊其顏色，嗛然（卑遜）而終日不言，是子夏氏之賤儒也」。「偷儒（苟且懶惰）憚事，無廉恥而嗜飲食，必曰君子固不用力，是子游氏之賤儒也」（非十二子篇）。

陋儒——既不好賢，又不隆禮，只是學雜誌小家之說，順詩書空談經文，此陋儒也（勸學篇）。

散儒——莊子人間世，稱無用之木曰散木。故誕之人曰散人；勸學篇謂：不隆禮，雖有察辨之慧，散儒也。

腐儒——對於學問言論，只向機械實用處着眼，而不體會其中文情理趣，食而不知其味，不能了解其眞義，故不能談學問，一生「無咎無譽」，此腐儒也」（非相篇）。

以上所述：雅儒之才、學，次於大儒之下；若夫賤儒、俗儒，品學俱卑劣。

士：

哀公問曰：何如斯可謂士矣？孔子對曰「所謂士者、雖不能盡道術，必有率（遵循）也；雖不能偏美善，必有處也。是故知不務多，務審其所知；言不務多，務審其所謂；行不務多，務審其所由。故知既已知之矣，言既已謂之矣，行既已由之矣，則若性命肌膚之不可易也。故富貴不足以益也，卑賤不足以損也，如此則可謂士矣」（哀公篇）。

通士、公士、直士、慤士。——「上則能尊君，下則能愛民，物至而應，事起而辨，若是則可謂通士矣。不下比以闇上，不上同以疾下，分爭於中（事之中有分爭者），不以私害之，若是則可謂公士矣。身之所長。上雖不知，不以悖君；身之所短，上雖不知，不以取賞；長短不飾，以情（誠）自竭；若是則可謂直士矣。庸言必信之，庸行必愼之，畏法流俗，而不敢以其所獨是，若是則可謂慤士矣」（不苟篇）。

法士——勸學篇云「隆禮雖未明，法士也」。修身篇云「故學也者、禮法也」。學問以禮爲重，士爲學者之稱號，其進步之程度不一，學禮雖尚未明其精義，而能尊重禮法，故稱爲法士。

處士——「古之所謂處士者德盛者也，能靜者也，修正者也，知命者也，著是者也（著是當作著定，言知命安命而有定守也），」（非十二子篇）。

非十二子篇：有所謂「士仕」者，指士之出仕者而言。又有「士君子」之稱，士指學問方面而言，君子指德行方面而言，士之行爲爲君子，君子亦重學問，故合稱士君子。

君子：

哀公問曰：何如斯可謂之君子？孔子對曰「所謂君子者，言忠信而心不德（不自以爲有德），仁義在身而色不伐，思慮明通而辭不爭，故猶然如將可及者（似乎無異於常人），君子也」（

哀公篇）。——孔子只就哀公所急須知者而作如此之答覆，其實君子爲道德人格代表之名稱，未可一言而盡。荀子書中言君子之道固不止此，如非相篇「君子度己以繩（嚴以律己）」；「君子賢而能容罷（弱），智而能容愚，博而能容淺」；儒效篇「積禮義而後君子」；「君子言有壇宇（有根基、有界域），行有坊表（有禮、有標準），道有一隆（專重正道）」。其他各篇亦屢論及君子，茲不備述。——勸學篇所說之「成人」亦卽君子。

小人：

不苟篇云「君子小人之反也」，凡君子所有之美德，小人皆與之相反。荀子每以君子與小人作對比以言之，如小人慢暴淫傾，毒賊而亂，「言無常信，行無常貞，唯利所在，無所不傾（邪也），若是則可謂小人矣」（不苟篇）。其他各篇亦屢言及小人，總之小人爲反道敗德，一切惡行之名稱。

儒效篇所說之「俗人」，「不學問，無正義，以富利爲隆」。非相篇所說之「妄人」，（解蔽篇所說之妄人爲愚人），儒效篇所說之「鄙夫」，（非相篇所說之鄙夫爲腐儒），皆屬於小人之流。

儒家論人格，以德行爲首，學問次之，聖人爲全德全智、理想人格之模範，有當別論。總論一切人格，可以君子小人別之。聖人必爲君子，故有時聖人君子無分介，如性惡篇謂「禮義者，聖人之所生也」，王制篇云「君子者，禮義之始也」，「君子理天地，君子者，天地之參也，萬物之摠也」。此君子與聖人何異？以德而論，能尊德守道者、皆爲君子；君子不能達乎聖人之境，因聖人之德慧過高，故不易企及；然尊德守道則人人能之，卽人人皆爲君子。與君子相反者爲小人，荀子每以君子小人作對比之說明，卽教人自省自勉、學爲君子也。

結　語

師法爲敎育之本，師所敎者爲作人之法、治學之法，故稱師法。性惡篇、修身篇皆言及師法之重要。儒效篇云「故人無師法而智，則必爲盜；勇、則必爲賊；云（有）能、則必爲亂；察、則必爲怪；辯、則必爲誕。人有師法而智，則速通；勇、則速威；云能、則速成；察、則速盡（盡物之理）；辯、則速論（決定是非）。故有師法者、人之大寶也；無師法者、人之大殃也」。可見教育之重要。勸學篇謂：爲學之目的「始乎爲士，終乎爲聖人」。旣肯接受師法之化，禮義之敎，則爲士；學海無邊，士之天才及進修之程度不一，故子張問孔子「士、何如斯可謂之達矣」？子路問「何如斯可謂之士矣」？孔子所答不一（論語顏淵篇、子路篇）。士之程度不一，而目的皆在學聖人。聖人爲至高人格之稱號，至高並無限度，至高無上以示道德學問無止境，然不可以聖人高不可及而心灰意懶。聖人爲「備道全美者也」，卽眞被衆人尊爲聖人者，亦不敢以聖人自居。孔子云「聖人吾不得而見之矣，得見君子者、斯可矣」（論語述而篇），君子卽能遵聖人之道者；遵聖人之道，「隆禮義」、敦品勵行，此普通之士、卽能作到者也。

聖人亦卽君子，君子之至高程度，卽進而爲聖人，荀子云：君子「佚而不惰，勞而不慢，宗原應變，曲得其宜，如是然後聖人也」（非十二子篇），不惰不慢爲德行，應變得宜爲才智；聖人才德兼全，故聖人可稱爲君子，君子未必皆能爲聖人，荀子儒效篇、稱周公之功德謂「非聖人莫之能爲，夫是之謂大儒之效」，又稱孔子爲大儒，大儒卽爲聖人，周公孔子皆爲聖人，其德業載在史册，流芳千古，故聖人雖爲理想人物，而非神秘人物。

人之才智有高低，應變得宜，須有超衆之才，而聖人所示之人生大道平坦光明，誠如中庸所云「君子之道，費而隱（其用廣大，其體微妙），夫婦之愚，可以與知焉；及其至也，雖聖人亦有所不知焉。夫婦之不肖，可以能行焉；及其至也，雖聖人亦有所不能焉」。愚夫愚婦可以能行君子之道、平坦易行，然並非低級，大道無涯，雖聖人亦不能乎其極。才性有高低，故造詣之程度有高低，無論智愚、皆以聖人爲師法，故曰「終乎爲聖人」。

教導學者以聖人爲師法，養成士君子之人格，此爲道德教育；道德教育、知識教育、皆以禮爲本，蓋「禮者、理之不可易者也」（禮記樂記篇、荀子樂論篇、皆有此言），荀子將一切學問歸納於禮，立身處事皆須合理，此中兼括道德與知識；以禮正身，能了徹眞義，動靜得宜，已非易事；以禮治事，問題複雜，而能知其原委，處理得當，亦非易事，荀子云「凡行事，有益於理者，立之；無益於理者，廢之；夫是之謂中事。凡知說，有益於理者，爲之；無益於理者，舍之；夫是之謂中說」（儒效篇）。立身處事皆有合理之法則，禮中包括無窮之學問。學者之才性高低不齊，故進修之程度不齊，而總之皆歸於禮，故曰「學至乎禮而止矣」，此荀子教育之大旨也。

十一、正名

名家之學爲辯理之學，故漢志云「名家者流，蓋出於禮官」。尹文子大道上引孔子「正名」之說，而申其義云「名以檢形，形以定名；名以定事，事以檢名；察其所以然，則形名之與事物，無所隱其理矣」。「故名以正形，今萬物具存，不以名正之則亂；萬名具列，不以形應之則乖；故形名者、不可不正也。善名命善，惡名命惡，故善有善名，惡有惡名，聖賢仁智，命善者也；頑嚚凶愚，命惡者也。今即聖賢仁智之名，以求聖賢仁智之實，未之或盡也；即頑嚚凶愚之名，以求頑嚚凶愚之實，亦未或盡也；使善惡盡然有分，雖未能盡物之實，猶不患其差也，故曰名不可不辯也」。形指實際之事物而言，按實際之事物以定名，名必符實，於理無悖，名實當則治，不當則亂。名學爲論理之學，自古有之，惟自戰國道術分裂，有專治此學以鳴於世者，始有「名家」之稱耳。

論語子路篇、子路問孔子曰「衞君待子而爲政，子將奚先」？子曰「必也正名乎！名不正，則言不順；言不順，則事不成；事不成，則禮樂不興；禮樂不興，則刑罰不中；刑罰不中，則民無所措手足」。——「名」包括名義、名分，各種事物，皆有所具之義理，按其義理而予以名稱，因其名即可思其義，如父子名義、君臣名義，有其名義，則彼此各有應守之本分，故曰名分。分內之事，必須實行，如不實行，便為有名無實；故循名責實，為判斷事理之要則。正名義，定名分，理由正確，方能有成；禮樂刑罰方面、亦須如此方能奏功。名正分定，「君君臣臣、父父子子」各有禮法；反之、則「君不君、臣不臣、父不父、子不子」（顏淵篇），上下紊亂，談何政治？——列子力命篇云「鄧析操兩可之說，設無窮之辭」。子產為鄭國之良相，因時勢之需要，作刑書（左傳昭公六年），鄧析（鄭大夫）操兩可之說，非駁刑書，「以非為是，以是為非，是非無度，而可與不可日變，鄭國大亂」（呂氏春秋離謂篇），春秋之末，已有如此顛倒是非之詭辯家，是以孔子提出正名之說，以矯其妄。

戰國之世，諸子爭鳴，名家亦極盛於當時，其他如墨家、法家，亦藉詭辯以護自己之說。名家前有鄧析後有惠施為代表，皆有巧辯之才，莊子所謂「其道舛駁，其言也不中」，「能勝人之口，不能服人之心」（天下篇）；漢志所謂「苟鉤鈲析亂而已」，苟且違禮、歪曲事實、破壞正義、分化思想、擾亂常道。是以理愈辯而愈晦，事愈辯而愈亂，荀子謂其為姦言邪說，足以亂天下，故深斥之云：

「不法先王，不是禮義，而好治怪說，玩琦辭，甚察而不急，辯而無用，多事而寡功，不可以為治綱紀，然而其持之有故，其言之成理，足以欺惑愚眾，是惠施鄧析也」（非十二子）。

「君子行不貴苟難，說不貴苟察，名不貴苟傳，唯其當之為貴。故懷負石而赴河，是行之難為者也，而申徒狄能之；然而君子不貴者，非禮義之中也。山淵平，天地比，鉤（姁、嫗也）有須，卵有毛，是說之難持者也，而惠施鄧析能之。然而君子不貴者，非禮義之中也」（不苟篇）。

荀子以爲辯者之怪說，「使天下混然不知是非之所在」（非十二子），足以迷惑人生思想而醞禍亂，故作正名篇以糾正之。茲述其要義如下：（以下所引，凡未注出處者，皆出自正名篇）。

名不正言不順則世道紊亂

無論名辭、名稱，或有形之事物，或無形之義理，皆由言語表達，「名」之內蘊，包括語言文字，左傳桓公二年「名以制義」，疏云「出口爲名」；管子七法「義也，名也」（注云：名者所命事也）；此皆以名爲言語也。儀禮聘禮「百名以上書於策」（注云：「名」書文也，今謂之字）；周禮春官「外史掌達書名于四方」（注云：古曰名，今曰字）；此皆以名爲文字也。社會人羣，事理相通，情誼相通，皆須由名以表達，故名必須正確，必須有規律，使大衆共喻共守，一切事務方有準則而不紊亂，荀子云：

「故王者之制名，名定而實辨，道行而志通，則愼率民而一焉。故析辭擅作名以亂正名，使民疑惑，人多辯訟，則謂之大姦，其罪猶爲符節度量之罪也。故其民莫敢託爲奇辭以亂正名，故其民愨，愨則易使，易使則公。其民莫敢託爲奇辭以亂正名，故壹於道法而謹於循令矣。於是則其迹長矣，迹長功成，治之極也，是謹於守名約之功也」。

「今聖王沒，名守慢，奇辭起，名實亂，是非之形不明，則雖守法之吏，誦數之儒，亦皆亂也。若有王者起，必將有循於舊名，有作於新名。然則所爲有名，與所緣以同異，與制名之樞要，不可不察也」。

聖王御世，對一切事物爲之制名，以便因名而辨其實。制名之道旣行，可使人類之意志互相暢通而無隔閡。愼重運用此道，輔助事實，率導人民之言行，使其觀念統一而無紛歧。所以假如有人擅造姦言怪語以亂正名，使人民疑惑，失却定準，引起爭端，應比之如僞造文書、或私造度量衡者，處同樣之罪。在王道政治之下，未有標奇立異以亂正道者，所以人民之心理純正，易於接受領導，皆一致遵道法而順政令，是以王政易於見功，王業流澤久長，蓋因聖王制名能使一切事物皆有條不紊，而人民亦皆謹守聖王制定之名約規律之故也。

今無聖王，上失其道，故名守被輕慢；因而邪說起，名實亂，是非混淆，雖司法之吏與講說禮義之儒，亦皆受時風之影響，而不能定是非。假如有聖王出，對原有傳統之名，有當繼續循用者，必不隨意更改；而世事多變，有新事物產生，則必釐定新名，使人有明確之觀念。「正名」旣如此重要，荀子規定有三大要點：一「所爲有名」、凡事必須制名之原因；二「所緣以同異」，何以分別事物之差異；三「制名之樞要」、制名之要領，分述如下：

制名之原因

荀子云：「異形離心交喻，異物名實玄（互）紐，貴賤不明，同異不別；如是、則志必有不喻之患，而事必有困廢之禍。故智者爲之分別制名以指實；上以明貴賤，下以辨同異。貴賤明，同異別；如是、則志無不喻之患，事無困廢之禍，此所爲有名也」。

萬物紛紜。各異其形，人之見解不同，心意相隔，如對各種事物欲互相通曉，作共同一致之認定，則必須分別制名。使人人聞其名而知其實。若無共認之名，則同一事物，言因人殊，「實」無定名，「名」不能表實，名實晦暗，糾結難分，遂致貴賤不明，同異不別；如此、則彼此不能達意，而事亦無法互助。故智者爲之分別制名，名以指實，各有定義，使人對事物有通一之了解，例如：一聞君子小人之名，則貴賤之分以明；一聞虎豹犀象之名，則知其同爲野獸而形體各異，以此類推，則人之意志相通，是非同道；凡事無困難阻礙之患；此制名之原因也。

何以知事物之差異

荀子云：「然則何緣而以同異？曰緣天官。凡同類同情者，其天官之意物也同；故比方之疑似而通，是所以共其約名以相期也。形體色理、以目異；聲音清濁、調竽奇聲、以耳異；甘苦鹹淡、辛酸奇味，以口異；香臭芬鬱、腥臊洒酸奇臭、以鼻異；疾癢凔（寒）熱、滑鈹（澀）輕重、以形體異；悅故喜怒哀樂、愛惡欲、以心異（漢書張陳王周傳贊「事多故矣」，故猶難也，心中多故則不悅）。心有徵知，徵知、則緣耳而知聲可也，緣目而知形可也；然而徵知必將待天官之當簿其類然後可也（簿當作薄，迫也，觸也）；五官簿之而不知心徵之而無說（不能解說、不能辨識），則人莫不謂之不知，此所緣而以同異也」。

緣何而知事物之差異？曰：因人有天然感覺之器官、名曰「天官」。凡是人類，其天官之感覺及揣度事物之意想、大致相同。譬如：有甲某生平只曾見過貓、而未曾見過虎，乙某以貓作虎之比方，謂虎與貓相似，惟大於貓若干倍；雖耳聞不如目覩之眞確，而甲某聞乙某所言，心中對虎已有疑似之印象、而可以通曉；異日若見到虎，則卽可聯想到此卽乙某當日所說之虎；虎之名實相符無誤。故對事物共同約定之名，則皆相認可，而無異議。

物類之形色由眼識別，聲音之清濁由耳識別，滋味之甘苦由口識別，氣味之香臭由鼻識別，痛癢冷暖由身體感覺，喜怒哀樂由心靈感應。荀子天論篇稱心曰「天君」，天君支配天官，心能應外物而了知一切。由耳目接觸聲色而傳達於心，心便加以辨識，而永留印象以作參考。假如對於某一事物，以前既未見其實，亦未聞其名，天官雖接觸之而不知其爲何物，心靈雖感應之亦不能說出其名，此卽等於不知；名之重要如此，故聖王制名以別異同，使人緣異同之名而知異同之實。

制名之樞要

荀子云：「同則同之，異則異之；單足以喩則單，單不足以喩則兼；單與兼無所相避、則共；雖共、不爲害矣。知異實者之異名也，故使異實者莫不異名也，不可亂也，猶使異實者莫不同名也。故萬物雖衆，有時而欲徧擧之，故謂之物。物也者大共名也。推而共之，共則有共，至於無共然後止。有時而欲徧擧之，故謂之鳥獸。鳥獸也者大別名也。推而別之，別則有別，至於無別然後止。

名無固宜，約之以命，約定俗成，謂之宜，異於約則謂之不宜。名無固實，約之以命實，約定俗成，謂之實名。名有固善，徑易而不拂，謂之善名。

物有同狀而異所者，有異狀而同所者，可別也。狀同而爲異所者，雖可合，謂之二實。狀變而實無別而爲異者，謂之化；有化而無別，謂之一實。此事之所以稽實定數也，此制名之樞要也；後王之成名，不可不察也」。

天官既分辨事物之差異而爲之制名，凡相同之事物，卽制以相同之名，如凡兩翼而飛翔於天空者，名之曰鳥，是謂「同則同之」。若四足而奔走於山野者、與鳥不同，則名之曰獸，此謂異則異之。

若用單名足以表明此物、則用單名，例如說「雞」，則爲單名；兼者、兩字複名，雞有雌雄大小，如必須明示是何等雞，而一字不能說明，則用兩字說雄雞或小雞。雞爲共名，如有時單名兼名皆可，無須分別說之，則可用共名，例如說「以養雞爲業」，則雌雄大小皆包括在內，統名之曰雞，無須分別，故曰雖共無妨也。

不同之事物，則應定以不同之名，例如：雞有山雞家雞之別，山雞名曰雉，異實故異名，而家雞中有鬥雞、火雞、烏骨雞、長尾雞等等許多不同之種，異實莫不異名，不可亂也。猶之異實者莫不同名，何以言之？言辭有必須簡要者，例如說萬物，則總括天地間所有一切之物；如說生物、則總括一切動植物；如說人類、則總括中外古今一切之人；故萬物雖衆，有時須一言以蔽之，則謂之曰物卽可，物者、萬物之大共名也。

言辭有時須將繁雜之物名簡化之，以求其共名，若此一共名而外，尚有另一共名，可與此一共合併者，例如雞鴨鵝鴿等，種類雖多，而可共名之曰家禽；鷗鳥鷺鶴等、種類雖多，而可共名之曰水禽；此二者之共名而外，尚有山禽野禽等等共名，凡羽毛兩翼而能飛者、皆可推而共之，統名之曰禽，推至此，已不能再推矣，故於此爲止。獸類亦然，無論家畜野獸，凡四足而全身毛氄者，皆可推而共之，名之曰獸。有時禽獸亦可推之而合爲一稱；人爲萬物之靈，有理性，知禮義，人類自然成一共名。禽與獸皆不知禮義，人若有違反禮義之行爲，則被罵爲禽獸，故禽獸又爲違反人性之稱。

共名，將事物之名，由繁而簡以括之，猶如論理學中之歸納法；別名、將事物之名，由簡而繁以分之，猶如論理學中之演繹法。禽獸爲兩大別名，如詳細分別，則禽中有許多類，類中又分類，分至不能再分爲止；猶之獸中之馬爲一類，推而別之，一一馬大同小異，各有差別，例如此一馬爲白馬而墨尾，爲牡馬，爲千里馬，爲齒數正在六齡之馬，如此分析，直至不能再加分析爲止，則一切事物不紊亂矣。

在未制名之前，物無固定之名，名亦無固定之實，物經衆人之約而命名，名經衆人之約而指實（約、猶如條約，謂準則也），約定俗成，爲社會所共認，此名卽爲恰當，此實便有定名，若有擅加改變者，違背公約便爲不當。雖然物無固名，名無固實，然名有天然之善者，例如說「大」，則須張大口唇而發音，說「小」，則須縮小口唇而發音；貓之名，象其叫聲，鴉之名，象其鳴聲；此皆名實自然符合，呼之順利，聽之易曉，令人不約而同，認爲此名甚善。當然制名之法則甚多，但此亦重要條例之一。

「物有同狀而異所者，有異狀而同所者」，楊注：同所之所、作實物解；異所之所、作處所解；按此二句，文意一致，上下兩所字，不應有差異。「所」爲指事之詞，又可作是字解，如呂氏春秋審應篇「齊亡地，而王加膳，所非兼愛之心也」，此「所」作是字解者也。「是」與「實」相通，如左傳僖公五年「鬼神非人實親，惟德是依」，此「是」字與「實」同義也。故此處異所之「所」、亦係指實物而言。——物有外狀相同而實質不同，名雖可合，然二質不同，亦當有別，例如李之形狀相同，而有其質味苦澀不可食者，名曰苦李；貓之形狀相同，而有性質不馴，不受人之畜養，於山野自覓食物者，名曰野貓。物有形狀雖異，而實質相同者，如桃之質味相同，而形狀扁者名曰蟠桃；犬之性質相同，而形狀最小者曰猧狗。有形狀雖變而實質無異者，如兒童化爲壯丁，壯丁化爲老翁，其實一人也；蠶化爲蛹，蛹化爲蛾，其實一物也。凡形同而實異，或實同而形異，或一實而形狀有變者，皆當一一爲之制名，以作分別。故凡事物當考稽其實爲一或爲二，以決定系統，而分別爲之制名，以免混合，此又制名重要條例之一也。

詭辯家之謬誤

荀子反對詭辯家以奇辭亂正名，舉其三項謬誤以爲例，名曰「三惑」，謂其足以「欺惑愚衆」也

（非十二子）。述之如下：

第一惑、用名以亂名；荀子舉三例言之：

㈠「見侮不辱」：莊子天下篇述宋鈃之說曰「見侮不辱，救民之鬥」。荀子正論篇云「子宋子曰：明見侮之不辱，使人不鬥；人皆以見侮爲辱，故鬥也」。宋子以爲人若被侮而不以爲辱，則無鬥爭之患矣。——侮字本含辱字之意，故侮辱二字連爲一詞，被侮亦卽被辱；旣被侮而不以爲辱，則爲不明是非，此說不合事實。如見侮而不鬥者，必爲能忍之人，古諺云「能忍自安」。如見侮而能忍，卽如曾子所云「犯而不校」（論語太伯篇），不與計較，則卽不鬥矣。故見侮能忍，辭意方通；「見侮不辱」，是以名亂名之語也。

㈡「聖人不愛己」：墨子大取篇云「愛人不外己，己在所愛之中」。其意謂：己亦人也，如說愛人，則己亦包括在內，故不必說愛己。——人爲共名，己爲別名，人己之名有別，故愛人不等於愛己，愛己亦不等於愛人，如人己爲一，則爲共別不分，此亦以名亂名之語也。

㈢「殺盜非殺人也」：此墨子小取篇之語。此爲詭辯理由最充實之語；意謂盜已失去正常人之人格，其所以被殺，因其爲盜，已非正常之人矣，故曰殺盜非殺人也。——盜與人之名，猶如人與己之名，盜爲別名，人爲共名，盜爲人中之一分子。盜乃行爲之名，猶如欺騙敲詐等等行爲，犯此等行爲者、是人，並非他物，故名曰「犯人」，謂犯罪之人也；或名曰「罪人」，謂有罪之人也；雖加以別名，而不能否定其爲人。若以「殺盜非殺人也」之語而推之，則可以說「

敎子非敎人也」，「敬師非敬人也」。此亦以名亂名之語也。

以上所擧詭辯之語，故意轉折曲構其辭，糢糊不淸，此卽用名亂名之誤。「名」原爲分別事物，使人了解明確，倘若考驗到制名之原因，而注意到某一辭句明暢易曉，某一辭句支離不順，重視制名之樞要，則自能禁此以名亂名之惑矣。

第二惑、用實以亂名，荀子亦擧三例以言之：

(一)「山淵平」：此惠施之說，莊子天下篇：惠施云「山與澤平」。——山高淵低，高下有別，天官觀察事物，同異分明，故一聞山淵之名，便有高下之印象。詭辯家欲勝人之口，便發問曰「山與淵孰高」？答者曰「當然山高淵低」！詭辯家輒反駁曰「不然！今我遊觀某處，見有二山，東西平列，高度相等，而東山之上，有一深淵，可見山與淵平也」！夫特殊之情形，不可以爲常例，山高淵低，乃普通之事實，今強謂山淵相平，乃用實以亂高下之名也。

(二)「情欲寡」：莊子天下篇謂：宋鈃「其爲人太多，其自爲太少，以禁攻寢兵爲外，以情欲寡淺爲內」。內、指對己而言，謂宋子以減削情欲爲修身之要。因主張寡欲，故謂人之性情本來寡欲，而世人皆以己之性情多欲，故任所欲爲，此大過也（正論篇）。——修身寡欲，固爲正道；然謂人之性情本來寡欲，則非事實，故荀子正論篇駁之云『然則亦以人之情爲目不欲綦（極）色，耳不欲綦聲，鼻不欲綦臭，形不欲綦佚，此五者、亦以人之情爲不欲乎？曰「人之情欲是已」。曰若是、則說必不行矣，以人之情爲欲此五綦者、而不欲多，譬之是猶以人之情爲欲富貴而不欲貨也，好美而惡西施也』。或有生而欲寡者，乃一特殊性格之人，非通例也。通常之人情皆多欲，貪得無厭，故必須受禮樂教化，事實顯然。宋子以多爲寡，是亦用實以亂名也。

(三)「芻豢不加甘，大鐘不加樂」：此墨子之說。——口食芻豢之肉而美之，耳聞鐘磬之聲而樂之，此乃正常之事。人若有憂患，固然有「食旨不甘，聞樂不樂」之時（論語陽貨篇）；又或腐臭之肉、固然食之不美；亂敲鐘磬，固然聞之不樂；然此乃特殊情形，不可執爲定例。若謂牛肉不可食，鐘聲不可聽，即等於說：美味即是惡味，美聲即是惡聲，此又用實以亂名也。

以上三說，皆違天官察覺之明。目之所覩者：淵在山下，人皆多欲；口之所辨者、肉味甚美；耳之所聞者、鐘聲可樂。而詭辯家以下爲高，以多爲寡，以美味美音爲惡。試徵諸天官之識別，高下、多寡、美惡、辨之甚明，同異不紊，與詭辯家乖僻之說相較，二者孰爲調諧？孰爲衆人所共認？於此、則其說自破矣。

第三惑、用名以亂實，荀子舉二例以言之：

(一)「非而謁楹」：此句之字有誤、有脫落，不可解。墨子經說上「止、無久之不止，若矢過楹」，或謂「非而謁楹」，即「非（飛）矢過楹」之誤。王引之云「矢過楹」、乃取儀禮鄉射「射自楹間」以爲喻。孫詒讓謂：莊子天下篇「鏃矢之疾，而有不行不止之時」，疑與「無久之不止，若矢過楹」之義略同；姑按此義勉強解之：不行爲遲，不止爲速，一般人皆謂鏃矢甚疾，但在不行之時，則不見其疾；而在不止之時，亦不見其遲；此則不能定其遲疾之名，猶如下句

「牛馬」一詞，不能定爲牛、亦不能定爲馬。——諺云「光陰似箭」，箭之實際，卽在其行動疾速，若在其停止行動之時，而謂其並不疾速，此用名以亂實也。

(二)「**有牛馬非馬**」：墨子經說下「且牛不二，馬不二，而牛馬二，則牛不非牛，馬不非馬，而牛馬非牛馬」。意謂：牛無二名，馬無二名，而牛馬爲二物，故二名；故牛卽牛，馬卽馬，而牛馬二名合爲一辭，則非牛非馬。——牛馬一辭，包括牛馬二物，則其牛卽爲牛，馬卽爲馬，牛馬二名合稱，而牛馬之實體並未混合爲一，若謂牛馬非牛馬，則與「白馬非馬」之說同，此用名以亂實也。

以上二說，以名亂實，倘若驗之制名之法則，名以指實，名定而實顯，例如：天官見到有一牛一馬在田中齧苗，主人來此，將牛馬驅走，分明有牛亦有馬，若謂牛馬合稱、則非牛非馬，顯然與目覩之事實相違，其說不攻而自破矣。

發揮正名合理之言

荀子正名篇「夫民易一以道，而不可與共故」一段內：講發揮正名合理之言，大意謂：明君御世，以道化民，道無二致，言歸正論，奇說巧辯無所用。今聖王沒，天下亂，姦言起，君子主持正義，而無權勢以臨之，故詭辯之說興。

事物之實體，難以形容，命之以名，使人對名與實有共同之觀念，故一聞其名，便喻其實；如須知其詳細之狀況，只說其名尚不足喻，則將其所具之條件之名稱拼合說之，例如說「白牝馬」，若只言馬，則不足以喻，必須以白與牝、拼合言之，則知此馬爲白色牝性。或某一事物，多方引證，拼合言之，亦不足喻，則須解說其所以然，如解說彼亦不喻，而仍堅持其白馬非馬之說，則須與之辯論以駁正之。上述四項，對於發揮言語有大功用。

名之功用在乎達意，「名」總括文字語言，累集衆字而成文辭，此乃名之配合作用；「名」不但求達意而已也，又須配合得當，例如：在會議場中，徵求衆人之意見，而對大衆曰「請諸位貢獻我意見」，意雖能達，而「貢獻」二字配合於此，便爲不得當，故曰「用麗俱得，謂之知名」。

名也者、期在累積衆實，而爲之分別清晰，例如：植物種類甚多，各按其實分科爲之制名，雖品類萬殊，而名實不紊。辭也者、兼用異實之名拼合比喻而構成辭句，以表達某種意義，例如說「光陰如流水一般」，光陰流水、爲異實之名，合構成語，而能表達時光迅速去而不返之意。

辨說者、事物之名實已確定無疑，而在同一名實之中舉出問題加以討論；例如君主政體、有人以爲善，有人以爲不善，於是辯說乃起，直至得到結論而後已。「期命也者、辨說之用也」，名辭期在配合得當，命名期在暢順恰切，有利於辯說之用。「辨說也者、心之象道也」，因本心向道，而反對非道，故有辨說。「心也者、道之主宰也」；道也者、治事之常理也；「心合於道，說合於心，辭合於說」，言辭正確而配合周善，則眞實之情顯然可喻。辨異不誤，推理不悖，聽他人之說，則取其合乎文理之言；辨他人之是非，則必窮究其所以然之故。——孔子云「有德者必有言，有言者不必有德」（論語憲問篇），有德之言，即正名合理之言；無德之言，即邪說詭辯之言。荀子謂：以正道之言而辯姦邪之說，猶之引繩墨以別曲直，則邪說不能亂，詭辯無所容矣。

君子之辯小人之辯

荀子非相篇云「凡人莫不好言其所善」，此辯之所由起。人皆好講其所認以爲善之道，人皆好言其所執以爲是之理，因此而引起辯論，非相篇謂辯有三等：

「有小人之辯者，有君子之辯者，有聖人之辯者。——不先慮，不早謀，發之而當，成文而類（善），居（舉）錯遷徙，應變不窮，是聖人之辯者也。先慮之，早謀之，斯須之言而足聽，文而致實，博而讜正，是士君子之辯者也。聽其言則辭辯而無統，用其身則多詐而無功，上不足以順明王，下不足以和齊百姓；然而口舌之均（均、調諧也），噡唯則節（噡、多言也；唯、諾也；謂辯或不辯皆中其節也），足以爲奇偉偃卻之屬（誇大高傲）；夫是之謂姦人之雄。聖王起，所以先誅也，然後盜賊次之。盜賊得變，此不得變也」。

荀子又簡言以上三等辯者云「多言而類，聖人也；少言而法，君子也；多少無法，而流湎然（流沉無定、失正鵠也），雖辯、小人也」（非十二子、大略篇、皆有此言）。

非相篇云「君子必辯」，君子爲主持正義、申明是非而辯；小人好辯，小人爲「欺惑愚衆」、顛倒是非而辯。當時一般辯士，利口敏捷，「而不順禮義」，「察辯而操僻，好姦而黨衆」，荀子以爲是「

治之大殃也」（非十二子）。謂「君子行不貴苟難，說不貴苟察，名不貴苟傳，唯其當之爲貴」（不苟篇），故君子必辯。「有兼聽之明，而無奮矜之容；有兼覆之厚，而無伐德之色；說行則天下正，說不行則白道而冥窮（明其道而隱其身），是聖人之辯說也」（正名篇）。君子聖人、皆爲息邪說正人心而辯也。

結語

「山淵平，天地比，鉤有須，卵有毛」（不苟篇），此類奇異之說，非詭辯不足以說明之；此猶如後世之謎語，用之以作逗趣之閒談則可，用之以作論事說理之辯證，則必歪曲事實，顚倒是非。此類詭辯，不但能作「兩可之說」，甚至能作三可之說：可是、可非、是非皆可，如此、則是非混亂，眞理泯滅，故孔子云「巧言亂德」（論語衞靈公篇），因其亂德，故儒家斥之。孟子云「予豈好辯哉？予不得已也」（滕文公篇），荀子云「君子必辯」，因其足以惑世誣民，是「治之大殃也」。春秋時、鄧析操兩可之說，破壞子產之政治，鄭國大亂。戰國之世，詭辯之風盛行，墨子精於名理，用辯術以護其學說，而其徒則只重其辯術，以佞口巧言顯於當時，故韓非稱其爲顯學。墨子有非儒篇、反對儒家之禮法，公孟篇、墨子謂程子曰「儒之道足以喪天下」；其徒屬在戰國後期更盛，操辯術與儒家相敵，故孟子斥之，荀子非十二子、儒效、富國、王霸、禮論、樂論、成相等篇，皆有指責墨子之言。修身篇云『夫「堅白」、「同異」、「有原無厚」之察，非不察也，然而君子不辯，以爲不急之務，「辯而無用」也（非十二子）；非十二子、儒效、不苟等篇，皆有擯斥惠施鄧析之言。荀子以「言必當理，事必當務」（儒效篇）；當時之詭辯家、「治怪說，玩琦辭」，徒為巧言戲論，足以擾亂聽聞，顛倒是非，故荀子作正名論，主張「正其名，當其辭」，使事物之名實不紊，使事理之眞義愈明，使人生之正路愈顯，此與孟子「息邪說，拒詖行，放淫辭」（滕文公篇），用心相同也。

而今名實之紊亂，更不堪言，例如：明清時代，平民稱縣令以上之官員曰「老爺」，稱官員之妻曰「太太」；而今尊稱他人之妻曰太太，而對自己之妻亦稱曰太太，每對人云「我太太如何如何」。又如「棘人」為居父母之喪者自稱之詞，而今夫喪、妻稱棘人，妻喪、夫稱棘人，此於報章登刋喪事謝啓者、往往見之，父母之喪，夫婦之喪，皆自稱棘人，此非「亂倫」乎？又如縣長為人民所選出之賢能，一縣之首長，掌理全縣公務，本當尊重，而今既稱之曰縣長，又名之曰公僕；是皆用名以亂名者也。又如殺其人，分其財，而名之曰共產主義；極權專制，而名之曰民主政治；是用實以亂名也。又如稱忠厚之人曰老實無能（某書局所印之小辭典有此注釋）；稱不良少年曰太保；是用名以亂實也。——勿謂此乃不關重要之事！須知此種種紊亂之事故，大有助於破壞文化，能演出重大之荒謬，例如語言與文學，本為兩事，故名實各異，而反對文學者，欲以語言代替文學，謂古人之文章、卽古人之白話；故主張而今只要會說國語卽能作文章，「話怎麼說就怎麼寫」；何謂「國文」？「國語用文字寫出，故曰國文」；白話俗語用文字寫出，卽名曰文藝；此種論調，已成為當代之權威。誘惑青年避難就易，故能得青年之擁護，因此、中國文學衰落如此，已至難於挽救之勢；將來可能文學斷絕，只有語、而無文，此有關於國運，可謂大事矣！

試看今日所謂文學，只是白話小說而已：「爸媽」、「老么」、「小伙子」、「大伙兒」、「搞鬼」、「吹牛」、「花錢」、「反臉」、「胡扯」、「搗蛋」、「我感到驕傲」、「眞不好意思」、「我是一位老師」、「有的是時間」、「他是一位小偷」、「漏出馬足」，如此連篇累牘，下筆不能自休，動輒十數萬言，今日此類著作家，多於過江之鯽；此類著作品，難計其數；然而中國文學於此破產矣！文學爲文化生命之所託，負承先啓後之責，此其中之蘊奥，非片言可盡。今日自命爲文學家者，以說話卽是文章，出口成章，下筆成文，語文不分，名實已亂，若有荀子出而講正名之論，彼必罵爲「守舊」、「落伍」。斯文當阨，莫可如何也！

十二、荀學與法家

人若對某事有一種理想，而規定標準，依照施行，其實行之結果，每不能恰合標準，亦卽所謂不能盡如理想，而且「好事多磨」，往往由其標準生出枝節，變出弊端，愈演愈劣，遂與標準大相違離，如荀子非十二子所云：有子張氏之賤儒、子夏氏之賤儒、子游氏之賤儒，此三子乃孔門之大賢，其後學傳至戰國末世，徒襲其貌，而失其眞，淪爲賤儒，豈三賢所及料哉！荀子之與韓非李斯、亦猶是也。

世間最嚴重之事，莫過於人對人之問題，人有共同生活之理，亦卽人有平等之義，共同生活卽須以互愛之態度相對待，此卽所謂仁，人有求生之天性，卽有仁心，故孟子曰「仁、人心也」。孔孟以人對人之問題，必須由人心作根本之解決，是以啓發理性，使人內省自覺。無論賢愚皆知愛人者人亦愛之，人類相愛之態度，卽合理之儀則，此卽所謂禮，由禮而現出對人處事之規範。

荀子見亂世之人惡性易於發作，故提出性惡之說以警世人。惡人危害他人，必遭報復；危害社會，自身亦無保障。而其心已陷於慾壑之中而執迷不悟，其身已溺於罪惡之內而不能自拔。此時如有聖明之君出而制止禍亂，安定人羣，若惟恃仁義化導，啓發人性，促其自動向善，則勞而寡功，是以荀子主張直接提出禮之規範，使人有簡明之標準便於遵從；在此標準之下，行事皆有合理之規定，有條不紊，此卽荀子所謂「法」。荀子云「禮者、法之大分，類之綱紀也」，「隆禮至法，則國有常」（勸學篇、君道篇）。國有常道，人人循軌而行，互不相礙，有禮有法，秩序井然，故曰「法者、治之端也」（君道篇），此爲簡要之政術，荀子由性惡之觀念，而提出禮法之治，此其說之中心。戰國末世，法家之代表韓非李斯、皆爲荀子之弟子，如謂其受荀學之影響，則惟性惡與法治之說、似可涉及。

性惡說之影響

人性之內容，分理性與欲性二部，欲性若放縱恣肆，則作惡爲非，荀子所謂性惡者、此也。然欲性而加以節制，則不至爲惡，故荀子主張節之以禮，使之不至於泛濫，人之行爲乃歸於善。節之以禮乃理性之功用，此卽默認人有善性，謂「今人之性惡，必將待師法然後正，得禮義然後治」，若人性純惡，則師法禮義由何而來？謂「禮義者、聖人之所生也」，謂「君子者、禮義之始也」（性惡篇、王制篇），然則聖人與君子非人類乎？可見荀子未否定人有善性，未言人性絕對爲惡，只是提出性惡之說，警惕世人、不要任性行事，以免於亂而已，此本書首章已詳言之。韓非接受其師性惡之說，只由惡之一面申明其理論，而肯定人性皆自私，行仁義者亦爲自利，故以人性絕對爲惡，其言云：

「父母之於子也，產男則相賀，產女則殺之；此俱出父母之懷衽，然男子受賀，女子殺之者，慮其後便、計之長利也。故父母之子也，猶用計算之心相待也，而況無父子之澤乎」？（韓非子六反篇）。——此言子女俱爲父母所生，然生男則慶賀，生女則棄之，因男大之後，興家立業，孝養父母；女大之後，出嫁離家，爲他人婦；父母對子女，猶用計算利益之心相待，而況無父子關係者，唯利是圖，豈不更甚！

「人爲嬰兒也，父母養之簡，子長而怨；子盛壯成人，其供養薄，父母怒而誚之。子父至親也，而或譙或怨者，皆挾相爲而不周於爲己也。夫買傭而播耕者，主人費家而美食，調布而求易錢者，非愛傭客也，曰：如是、耕者且深，耨者且熟云也。（調布易錢：調選也，易善也，布或錢乃傭人之代價，言選擇方便適宜之代價與之也）。傭客致力而疾耘耕，盡功而正畦陌者，非愛主人也，曰如是、羹且美，錢布且易云也。此其養功力，有父子之澤矣，而必周於用者，皆挾自爲心也。故人行事施予，以利之爲心，則越人易和；以害之爲心，則父子離且怨」（韓非子外儲說左上）。——此言父子皆爲私利而相怨；主僕皆爲私利而相益。

「爲人主而大信其子，則姦臣得乘於子以成其私，故李兌傅趙王而餓主父。爲人主而大信其妻，則姦臣得乘於妻以成其私，故優施傅麗姬、殺申生而立奚齊。夫以妻之近與子之親，而猶不可信，則其餘無可信者矣」（韓非子備內篇）。——戰國時，趙武靈王讓位於少子惠文王，自稱主父，長子章不服，因作亂，李兌爲司寇，以兵入拒難，殺公子章，並圍主父宮三月餘，主父餓死。

晉獻公有優俳名施、獻公寵麗姬生奚齊，優施教麗姬譖世子申生致之於死，而立奚齊。舉此二事，以明父子夫妻君臣皆只有私利而無道義。

「故王良愛馬，越王勾踐愛人，爲戰與馳。醫善吮人之傷，含人之血，非骨肉之親也，利所加也。輿人成輿，則欲人之富貴；匠人成棺，則欲人之夭死也。非輿人仁、而匠人賊也，人不貴、則輿不售；人不死、則棺不買；情非憎人也，利在人之死也」（備內篇）。——舉以上四事，以明人之一切行事，皆爲私利，並無仁心。

以上引韓非所舉性惡之證，如父母生女，因其無利而殺之；嬰兒長大，恨其父母養育不優；父母因其子供養薄，怒而誚之，以及父子相夷，臣弒其君，夫妻亦不可信任等事，以證明人類各爲私利，而無善性，然此類不正常之現象，乃古今稀有之事，並非人之通性；此猶之請問「一手幾指」？則當答曰「五指」！如答曰「六指」！而於數萬人中選出一人有枝指者，以作一手六指之證，此詭辯戲論也。

人有惡性，然亦有善性，亂世之人惡性易於發作，故荀子提出性惡之說，使人警惕，使人抑制惡性，歸向禮義，曰「聖人備道全美者也」，「聖人者、人道之極也」；故學者，固學爲聖人也」（正論篇禮論篇）。一般人之善性被欲性所蔽，若肯學聖人，行禮義，則善性復現，荀子未抹煞人之善性也。而韓非則謂人絕無善性，不能以教化力量使之爲善，只可繩之以嚴法，使之不敢爲惡，故曰「明主不養恩愛之心，而增威嚴之勢」，「衆其守，而重其罪，使民以法禁，而不以廉止」（六反篇）。以人無善性，故不能養恩愛之心；治國者只宜多設法監守人民，加重罪罰，使之畏法而禁惡，不可能使之因顧廉恥而止惡。乃至李斯勸秦二世「明申韓之術，修商君之法」，嚴刑重罰，以制萬民，皆由性惡之說而來，然大違荀學之旨矣。

法治說之影響

人之行爲，由心發動，誠於中自然形之於外，言行無禮，即足證其包藏禍心，荀子以爲亂世之政，當急之務，首要以禮定法，使人有軌可循，故曰「法者、治之端也」（君道篇）。暴悍之徒，頑不聽命，故意犯法，則「嚴刑罰以戒其心」（富國篇）。治亂世、用重典，此爲簡要之政術，韓非接受其師之說，而更加簡化，以爲人性既絕對爲惡，則師法之化，禮義之教，概屬無用，索性用嚴刑重罰之威以鎭壓之，使之懾伏而不敢作惡，無作惡之人，則國治矣！其言云：

「今有不才之子，父母怒之弗爲改，鄉人譙之弗爲動，師長教之弗爲變。夫以父母之愛，鄉人之行，師長之智，三美加焉，而終不動其脛毛。州部之吏，操官兵，推公法，而求索姦人，然後恐懼，變其節，易其行矣。……故明主峭其法，而嚴其刑也」（五蠹篇）。

「夫嚴家無悍虜（奴），而慈母有敗子，吾以此知威勢之可以禁暴，而德厚之不足以止亂也。夫聖人之治國，不恃人之爲吾善也，而用其不得爲非也。恃人之爲吾善也，境內不什數；用人不得爲非，一國可使齊。爲治者用衆而舍寡，故不務德而務法」（顯學篇）。

「今世皆曰：尊主安國者，必以仁義智能，而不知卑主危國者之必以仁義智能也。故有道之主，遠仁義，去智能，服之以法」（說疑篇）。

「父母之於子也，猶用計算之心以相待也。而況無父子之澤乎！今學者之說人主也，皆去求利之心，出相愛之道，是求人主之過於父母之親也。此不熟於論恩，詐而僞也，故明主不受也。聖人之治也，審於法禁，法禁明著則官治；必於賞罰，賞罰不阿則民用」（六反篇）。

「儒者飾辭曰：『聽吾言則可以霸王』，此說者之巫祝，有道之主不受也。故明主舉事實，去無用，不道仁義者故，不聽學者之言」（顯學篇）。

以上所引韓非舉忤逆之子不聽教訓，以作性惡之證，而建立其法治理論。荀子謂「禮義生而制法度」。「明禮義以化之，起法正以治之，重刑罰以禁之，使天下皆出於治，合於善也」（性惡篇）。「法者、治之端也」（君道篇）；荀子所主張之法治，其法乃本乎禮義而定，故稱曰禮法。禮法不僅使人不敢爲非而已也，禮爲仁義之蹊徑（勸學篇），故「禮者斷長續短，損有餘，益不足，達愛敬之文，而滋成行義之美者也」（禮論篇）。禮法乃先由簡要之規範，進而達乎「愛敬之文，行義之美」，以成王道之盛治，故曰「修禮者王」（王制篇）「故儒術誠行，天下大（泰）而富」（富國篇）；天下太平而富足，卽王道政治之景象，王道政治由禮法開始，此荀子所謂儒術。

荀子之法治，由禮法而仁義，可謂由標而本，由淺而深，以期達乎「愛敬之文，行義之美」，使人類自治相安，進入高尚文化之境。韓非之法治，則純爲刑罰之法；蓋以當時禮法之效，不如刑罰之威，故只重治標而不務本，遂以仁義爲無用而反對之。其所謂學者、卽指儒者而言，反對仁義，故排斥儒者。李斯亦然，「從荀卿學帝王之術」，及為秦相，其所謂「王道約而易操」，其簡約之政術，乃崇「商君之法，刑棄灰於路者」，以嚴刑為本，（以上所引、見史記李斯傳），故亦反對儒術，主張焚詩書，後又演出坑儒之禍。韓李皆受學於荀子，後來皆叛其師說，非荀子所料也。

荀子之言可與法家相附會者

荀子由性惡之觀點，而主禮法之治，其弟子韓非李斯雖受到影響，而未信受其全部學說，只取其學說之一端一點。荀子謂人之性惡，而謂人可由師法之化，禮義之教，而歸於善；而韓李只信其性惡之說，抹煞師法與禮義。荀子由禮義而制法度，由禮法以正人心；韓李則不取以禮定法，而只取以法禁惡。故其雖受荀子之學，而實不相同。法家涉及荀學，除上述兩點而外，荀子之言，有易與法家相附會者，略述如下：

「君者、國之隆也；父者、家之隆也。隆一而治，二而亂」（致士篇）。「持寵處位終身不厭之術：主尊貴之則恭敬而僔（撙抑屈身），主信愛之則謹慎而嗛，主專任之則拘守而詳（謹守所職、詳明法度），主安近之則慎比而不邪，主疏遠之則全一而不背（始終如一），主損絀之則恐懼而不怨。貴而不為夸，信而不處嫌，任重而不敢專，財利至則善而（如）不及也，必將盡辭讓之義然後受。」（仲尼篇）——為統一政權而尊君，理由非不正確；然如法家之絕對尊君，則易流為極權專制。荀子所講「持寵處位」之術，臣下對君之尊馴可謂至矣，而自身之卑躬屈節亦可謂至矣，爲保持祿位，態度必當如此；然如此尊君屈己，目的只在「持寵處位」，與法家個人功利主義之意味相似。

「夫民易一以道，而不可與共故；（故爲事之所以然之理。事有知難行易者，故孔子云「民可使由之，不可使知之」，民愚不可理喻，只可指以道路，使之奉行不貳，不能使之明其所以然之理）。故明君臨之以勢，道之以道，申之以命，章之以論，禁之以刑，故其民之化道也如神」（正名篇）。「故古者聖人以人之性惡，以爲偏險而不正，悖亂而不治，故爲之立君上之勢以臨之，明禮義以化之，起法正以治之，重刑罰以禁之，使天下皆出於治，合於善也。」（性惡篇）——以上「臨之以勢」等語，易與法家之崇君重勢相附會。

「嚴刑罰以戒其心」（富國篇）。「上之於下，如保赤子，故下之親上，歡如父母，可殺而不可使不順」（王霸篇）。——在上者愛民如子，但家事與國事不同，子女如不順父母之命，不過影響一家之事；人民如抗令犯法，則關係國政之重大問題，政府不能姑息養奸，故只有處以嚴刑，以儆效尤，此乃當然之事。然「可殺而不可使不順」一語，則易與法家之嚴刑苛罰相附會。

富國篇謂「工商衆，則國貧」，故主張「省商賈之數」。——工商業之勞力較農人爲輕鬆，惟恐趨向輕鬆工作者過多，習於懶惰而影響農業，故主張對工商之業加以限制，減省其人數。而韓非子五蠹篇、則逕直謂：商工之民爲邦之蠹，當廢除之，此與荀子之言亦易相附會。

「君子位尊而志恭，心小而道大，所聽視者近，而所聞見者遠，是何耶？則操術使然也」（不苟篇）。「故天子不視而見，不聽而聰，不慮而知，不動而功，塊然獨坐，而天下從之如一體，如四肢之從心」。「墻之外目不見也，里之前耳不聞也，而人主之守司，遠者天下，近者境內，不可不略知也。天下之變，境內之事，有弛易齵差者矣（弛慢與參差不齊），而人主無由知之，則是拘脅蔽塞之端也。耳目之明如此其狹也，人主之守司如是其廣也；其中不可以不知也如是其危也。然則人主將何以知之？曰：便嬖左右者，人主之所以窺遠收衆之門戶牖嚮也，不可不早具也。故人主必將有便嬖左右足信者然後可，其智惠足使規物，其端誠足使定物然後可。」（君道篇）——「操術」有似法家之用術。「便嬖」卽左右近習以供使令之人，君主用之以偵察外事，用之以窺探隱情，所以防奸細而除民瘼，故可以收衆心。此與韓非所述：戴驩宋太宰使人密察獄吏受苞苴之實況，及衞嗣君有人於縣令之左右，雖縣令之細事亦盡知之，縣令驚以爲神（內儲說）。此皆所謂用術，此猶今世所謂特務人員。此必須可信賴者始可任用，又須有智慧足以規畫事務，又須端誠、能處事妥善；如不然，而營私舞弊，反爲大害。

以上所舉荀子之言，假如斷章取義，皆可與法家之言相附會。乃至「隆禮義而殺詩書」（儒效篇），殺詩書一語、可與韓非「明主之國，無簡書之文，以法爲教」相附會；「法後王，一制度」（儒效篇），可與韓非「無先王之語，以吏爲師」相附會（五蠹篇）。及李斯相秦，竟謂三代不足法，故焚詩書以愚百姓，使學法令者、以吏爲師。韓非立說，李斯實行，二人皆從學於荀子，然皆非荀子之學。

荀子與法家不同

禮治與法治不同——儒家之政治主張「道之以德，齊之以禮」，使人民心悅而誠服，故荀子云「上好禮義，尚賢使能，無貪利之心，則下亦將綦辭讓，致忠信，而謹於臣子矣。……故賞不用而民勸，罰不用而民服，有司不勞而事治，政令不煩而俗美；百姓莫敢不順上之法，象上之志，而安樂之矣」。又云「故有社稷者而不能愛民不能利民，而求民之親愛己，不可得也。民不親不愛，而求其爲己用爲己死，不可得也。民不爲己用不爲己死，而求兵之勁城之固，不可得也。兵不勁城不固，而求敵之不至，不可得也。敵至而求無危削、不滅亡，不可得也」（君道篇）。

法家則反對儒家之說，謂「仁義不足以治天下」（商子畫策篇）；謂「仁暴者、皆足以亡國」（韓非子八說篇）。只要有嚴法，「刑重者，民不敢犯」，即可矣（商子畫策篇）；韓非云「愛多則法不立，威寡則下侵上」（內儲說上），只要用法令之威，使人民不敢犯上，即可矣。荀子之禮治與法家不同也。

尚賢任能——儒家崇尚人治，荀子云「有治人，無治法」，謂「有良法而亂者有之矣，有君子而亂者，自古及今未嘗聞也」（君道篇、王制篇）。「故明主急得其人，而闇主急得其勢；急得其人，則身佚而國治，功大而名美，上可以王，下可以霸。不急得其人，而急得其勢，則身勞而國亂，功廢而名辱，社稷必危」（君道篇）。所謂急得其人，即急求賢能之人，臣道篇所述：聖臣、功臣、諫臣、爭臣、輔臣、拂臣，皆爲社稷之臣，爲「明君之所尊厚」。

明君貴德而尊士，必使賢者在位，能者在職，同心協力，共圖盛治。法家則任法而不任人，只要能依法行事，其人不必賢德，商鞅云：在重刑之下，「勢不能爲姦，雖盜跖可信也」；又謂：嚴法周密，則「賢者不能益，不肖者不能損，故遺賢去智，治之數也」（商子禁使篇）。韓非謂：以法禁姦，故「不恃比干之死節，不幸亂臣之無詐也」（守道篇）。蓋謂在嚴法之下，人人畏服，既不須有賢人之忠，亦不必希求亂臣無詐，有詐亦不敢表露，「故有道之主、遠仁義，去智能，服之以法」（說疑篇）。雖然商子畫策篇謂「明主在上，所擧必賢」，然法家反對仁義，其所謂賢，乃能厲行法治之人才，與荀子臣道篇所稱之聖臣、正義之臣不同。

反對專制獨裁——聖明之君，選賢與能，共理國事，荀子云「彼持國者，必不可以獨也；然則強固榮辱在於取相矣！身能、相能、如是者王。身不能，知恐懼而求能者，如是者強。身不能，不知恐懼而求能者，安唯便嬖左右親比己者之用，如是者危削，綦之而亡」（王霸篇）。又云「國者、事物之至也如泉原，一物不應，亂之端也。故曰人主不可以獨也。卿相輔佐，人主之基杖也，不可不早具也。故人主必將有卿相輔佐足任者然後可，其德音足以鎭撫百姓，其知慮足以應待萬變然後可，夫是之謂國具」（君道篇）。明君選拔賢士以爲卿相百官，察納忠言，集思廣益，故政通人和而國治。反之、君若暴戾專制，則臣下可以易其位或革其命。

法家則絕對尊君，爲統一政治勢力，而予君以專制獨裁之權，商鞅云「權者、君之所獨制也。權獨制獨斷於君、則威」（商子修權篇）。韓非云「臣制財利，則主失德；臣擅行令，則主失制；臣得行義，則主失名；臣得樹人，則主失黨。此人主之所以獨擅也，非人臣之所以得操也」（主道篇）。一切政權統歸於君，由君專制獨裁，臣下不得干涉，亦不得行義，韓非云「明主之道，臣不得行義成榮」（八經篇），因臣下若有賢名，則影響君之尊榮；亦不得施惠得人，因「行惠取衆」謂之得民；得民者、君上孤也」（八說篇）。「今舜以賢、取君之國；而湯武以義放弒其君；此皆以賢而危主者也」。「故人臣勿稱堯舜之賢，勿譽湯武之伐，勿言烈士之高，盡力守法，專心於事主者，爲忠臣」。君有絕對專制之權，「則人主雖不肖，臣不敢侵也」（忠孝篇）。「言行而不軌於法令者，必禁」（問辯篇）。如桀紂之暴政，臣不得干涉，民亦不得議論，如此絕對專制獨裁，與荀子所講愛民、好士、能羣之君，大相逕庭矣。

反對權術——申不害講「君術」，其術爲操生殺之柄，運用羣臣之術。韓非講法術，所謂「君無術則弊於上，臣無術則亂於下」（定法篇）。謂「凡術也者，主之所以執也；法也者，官之所以師也」（說疑）。謂「人主之大物，非法則術也。法者、編著之圖籍，設之於官府，而布之於百姓者也。術者、藏之於胸中，以偶衆端（以對衆事），而潛御羣臣者也。故法莫如顯，而術不欲見。是以明主言法，則境內卑賤莫不聞知也；用術，則親愛近習莫之得聞也」（難三篇）。其所謂「術」於內儲說上「主之所用也七術」，如「疑詔詭使」、「倒言反事」等，可見一斑，君之詔命、或使人執行之事，能使部屬互相猜疑，不敢合作爲奸；行事詭密，使部屬以君爲神明。欲探知所疑之事，則故意倒錯其言，或僞順對方，作相反之事，以引誘其洩出隱情。總之此類藏於胸中，秘而不言之術，即後世所謂「要手腕」，「設圈套」等類是也。其八經篇、主道篇、皆談君術，其中雖有必須用之術，然與儒家德政之術不同，其目的總在使臣民「畏乎如雷霆，神聖不能解也」（主道篇）。機變之巧，正所以啓人心之詐。

荀子議兵篇、答楚將臨武君之言：反對「權謀勢利，攻奪變詐」。荀子所講之術，非權術也，不苟篇云「推禮義之統，分是非之分，總天下之要，治海內之衆，若使一人。故操彌約，而事彌大，五尺之矩盡天下之方也。故君子不下堂而海內之情舉積此者，則操術然也」。其反對法家之術云：

『世俗之爲說者曰「主道利周」是不然：主者、民之唱也，上者、下之儀也。彼將聽唱而應，視儀而動；唱默則民無應也，儀隱則下無動也；不應不動，則上下無以相有也；若是，則與無上同也，不祥莫大焉。故上者下之本也，上宣明則下治辨矣，上端誠則下愿愨矣，上公正則下易直矣。……是治之所由也。上周密則下疑眩矣，上幽險則下漸詐矣，上偏曲則下比周矣。……是亂之所由生也。故主道利明不利幽，利宣不利周。故主道明則下安，主道幽則下危。故下安則貴上，下危則賤上。故上易知則下親上矣，上難知則下畏上矣。下親上則上安，下畏上則上危。故主道莫惡乎難知，莫危乎使下畏己』（正論篇）。

此所謂世俗之說、即法家之說也。韓非謂術由君所獨執，謂「明主其務在周密」（八經篇）。周密即隱匿眞情，密行權謀，所謂「謹其閉，固其門」，使臣民感到君之智略「大不可量，深不可測」，「

以君爲神」（主道篇、內儲說下），如此始能作到「明主者、不恃其不我叛也，恃吾不可叛也；不恃其不我欺也，恃我不可欺也」（外儲說左下）。此已明言法家之術爲陰謀之權術，故荀子謂其周密、幽險、偏曲，使民眩疑而生詐，對政府畏而疾之，豈能不亂？荀子主張以禮治國，謂君當以身作則，倡導羣倫，端誠公正，處事光明，使人民信賴；如此則上下一體相安，決不用幽密陰險之愚民政策，且諺云「衆人之中有聖智」，人民亦不可愚弄也，荀子所講之君德，非法家所講之君術也。

擯斥秦政——秦自孝公用商鞅變法，致力富強之策，有包舉宇內、囊括四海之志。及至始皇用李斯之謀，執法益嚴，殺伐益張，遂完成吞併六國、統一天下之功。秦以施行法家之術而富強，由富強而滅諸侯、制六合威震八荒，亦以固執法家之術，流爲暴政而滅亡。荀子亦講富強之術，然其政治根據以王道爲本，故對秦之嚴法爲治，大加非議。荀子謂：秦國當時，威強乎湯武，地廣乎舜禹，不能「節威反文」，故憂患不可勝計，若「力術止，義術行」，則兵不塞外，而令可行於天下矣（彊國篇）。儒效篇秦昭王謂荀子曰「儒無益於人之國」！荀子答曰「儒者在本朝，則美政；在下位，則美俗」，何謂無益於國！彊國篇荀子答應侯范雎之言、謂：秦雖強，但因無儒者爲政，故去王道遠矣，此秦之短也。議兵篇荀子謂：秦以勢刼民，以利誘民，使民勇於戰鬥，「故齊之技擊不可以遇魏氏之武卒，魏氏之武卒不可以遇秦之銳士，秦之銳士不可以當桓文之節制（有法度、有紀律），桓文之節制不可以敵湯武之仁義」。李斯問荀子曰「秦四世有勝，兵強海內，威行諸侯，非以仁義爲之也，以便從事而已」！荀子斥之曰：

「非汝所知也！汝所謂便者，不便之便也；吾所謂仁義者，大便之便也。彼仁義者，所以修政者也；政修則民親其上，樂其君，而輕爲之死。……秦四世有勝，諰諰然常恐天下之一合而軋己也，此所謂末世之兵，未有本統也。故湯之放桀也，非其逐之鳴條之時也；武王之誅紂也，非以甲子之朝而後勝之也，皆前行素修也，此所謂仁義之兵也。今汝不求之本而索之於末，此世之所以亂也」（議兵篇）。

秦以法家之術而兵強天下，荀子以爲秦兵雖銳，而不能當桓文之節制。孟子云「霸者之民驩虞如也」（盡心篇），夫秦「其使民也酷烈，刼之以勢，隱之以阨，狃之以慶賞，迫之以刑罰」（議兵篇）；人民並無歡娛之生活，故秦距霸業尚遠，豈能談及王道！以仁義修政，人心悅服，上下和同，彼此兩利，故爲「大便之便」；以威勢脅裹羣衆，政治手段雖然簡便，然須時時防備人民變亂，如此上下敵對，彼此不便，故李斯所謂便者，乃「不便之便也」。強迫人民就範，雖能維持一時，倘「大寇至，使之持危城則必叛，遇敵處戰則必北，勞苦煩辱則必犇，霍然離耳，下反制其上。故慶賞刑罰勢詐之爲道者，傭徒鬻賣之道也」（議兵篇）。

李斯贊美秦之兵強海內，威鎭諸侯，荀子斥之，其後秦之法治，民不堪命，結果一夫作難，天下響應，而秦亡矣！荀子斥李斯之言，竟爲亡秦之預言。當日李斯「從荀子學帝王之術」，及入秦乃悖其所學，而傾心於權謀勢利，懼韓非之權謀高於己，乃殺之，而斯之本身，亦以權謀鬥爭而被殺。儒家亦講賞罰嚴明，然以仁義爲本；而法家之嚴刑峻法，酷虐刻薄，秦竟以此而速亡。講權術而抹煞道義，商鞅韓非李斯皆以此而不得其死；法家之「慘礉少恩」，與儒家之道大不相侔，故荀子非之。

結論

蘇軾論荀子云「昔者嘗怪李斯師荀卿，既而焚其書，盡變古先聖王之法，於其師之道不啻若寇讎。及今觀荀卿之書，然後知斯之所以事秦者，皆出於荀卿，不足怪也。荀卿喜爲異說，敢爲高論，其言、愚人之所驚，小人之所喜也。子思孟軻世之所謂賢人君子也，卿獨曰：亂天下者子思孟軻也。天下之人如此其衆也，仁人義士如此其多也，卿獨曰人性惡，桀紂性也，堯舜僞也。由是觀之，意其爲人必也剛愎不遜，而自許太過。彼李斯者、又特甚者耳，見其師歷詆天下之賢人以自是，其意以爲古先聖王皆無足法者；不知卿特以快一時之論，爲不知其禍之至此也。其父殺人報仇，其子必且行劫；荀卿明王道，述禮樂，而李斯以其學亂天下，其高談異論有以激之也」！（節錄東坡志林荀卿論）。——考之韓詩外傳第四所引荀子非十子並無子思孟子；孟荀之言雖有異點，荀子不至非孟子爲「甚僻違而無類」，且更不至將子思亦牽連在內，而且孟子與子思之書中並無「五行」之說。楊倞云「五行、五常，仁義禮智信，是也」（見荀子非十二子注），若五行爲仁義禮智信，荀子豈能非之！而孟子書中亦無以仁義禮智信爲五行之說。以五行生尅，推測禍福，乃陰陽家之說。卽云孟子之學源自子思，子思撰中庸、其中有禎祥、妖孽、蓍龜、禍福等詞，可與陰家之說相附會，然其中並無陰陽五行之說，不能執此幾項語詞，就字面而強加附會。然則爲何荀子有非十二子謂子思孟子造五行之說而加以非議？宋儒王應麟云

：荀子非十二子內有子思孟子，乃其門人如韓非李斯之流託其師說以毀聖賢，當以韓詩外傳所引之十子為正，其中並無子思孟子（見困學記聞卷十）。如必謂非十二子之文無疑問，則蘇氏謂荀子好異說，不為苛矣！然非十二子中並無如蘇氏所謂「亂天下者子思孟軻也」之語；又且破壞井田乃商鞅之事，蘇氏之論歸罪於李斯亦誤。總之蘇氏此論，雖持之有故，然謂荀子之言為小人之所喜，貶責亦太苛矣！

總之，韓非李斯雖曾受教於荀子，然而荀子主張崇先王法後王，以禮為治。韓李後來違離師訓，反其所學，荀子則反對法家，故斥李斯所言為舍本索末，足以亂世（議兵篇）。蘇氏謂「李斯之所以事秦者，皆出於荀卿」，此不然也。然則韓李之學由何而來？諒韓李之師，不止荀卿一人而已也，李悝曾從學於子夏，吳起曾從學於曾子，其後皆脫離儒家而轉入法家。韓李之學顯而易見源自前期之法家，如任法、嚴刑、尊君、重勢、用術等等主義，自前期法家管仲以下商鞅申不害李悝慎到等，一致流傳，韓非集其理論之大成，李斯則變本加厲，付諸實行，與儒家相對立，公然反對儒家，於所受荀子之學，已棄之若遺，並無荀學影響之意味存在；然而荀子性惡、嚴刑、法治、操術等語，如斷章取義而言，加以與韓李師徒之關係，實難免有蛛絲馬跡之嫌疑也！

本書作者著述之一覽

書名	出版處	
道家與神仙	台灣中華書局	
論李杜詩	台灣中華書局	
荀子要義	台灣中華書局	
魏晉清談述論	台灣商務印書務	
文言與白話	台灣商務印書館	
松華軒詩稿	台灣商務印書館	
孟子要義	文景書局	
莊子要義	文景書局	
列子要義	文景書局	
兩漢哲學	文景書局	
佛學概論	文景書局	
中國文學論衡	文景書局	

中華哲學叢書

荀子要義

作　　者／周紹賢　著
主　　編／劉郁君
美術編輯／中華書局編輯部

出 版 者／中華書局
發 行 人／張敏君
行銷經理／王新君
地　　址／11494 台北市內湖區舊宗路二段181巷8號5樓
客服專線／02-8797-8396　　　傳　　真／02-8797-8909
網　　址／www.chunghwabook.com.tw
匯款帳號／華南商業銀行　西湖分行
　　　　　179-10-002693-1　中華書局股份有限公司

法律顧問／安侯法律事務所
印刷公司／百通科技股份有限公司　海瑞印刷品有限公司
出版日期／2015年7月再版
版本備註／據1977年3月初版復刻重製
定　　價／NTD 250

國家圖書館出版品預行編目（CIP）資料

荀子要義 / 周紹賢著. -- 再版. -- 台北市 :
台灣中華, 2015.07
面 ; 公分. -- (中華哲學叢書)
ISBN 978-957-43-2553-5(平裝)

1.荀子 2.研究考訂

121.277　　　　104010328

NO.B0030

ISBN 978-957-43-2553-5（平裝）

No. B0030

9 789574 325535 00250